DESAFÍO A LA
RAZÓN SATISFECHA

DESAFÍO A LA RAZÓN SATISFECHA

(Paradojas, máximas y frases irónicas)

Mijail Malishev

Portada: German Metelev. La vida del "artista". *Siete pintores de Ekaterinburg*, Diseño industrial, 1999 (en ruso)

Número de Control de la Biblioteca del Congreso de EE. UU.:   2013907891
ISBN: Tapa Dura   978-1-4633-5679-8
              Tapa Blanda   978-1-4633-5681-1
              Libro Electrónico   978-1-4633-5680-4

Para realizar pedidos de este libro, contacte con:
Palibrio
1663 Liberty Drive, Suite 200
Bloomington, IN 47403
Gratis desde EE. UU. al 877.407.5847
Gratis desde México al 01.800.288.2243
Gratis desde España al 900.866.949
Desde otro país al +1.812.671.9757
Fax: 01.812.355.1576
ventas@palibrio.com
470139

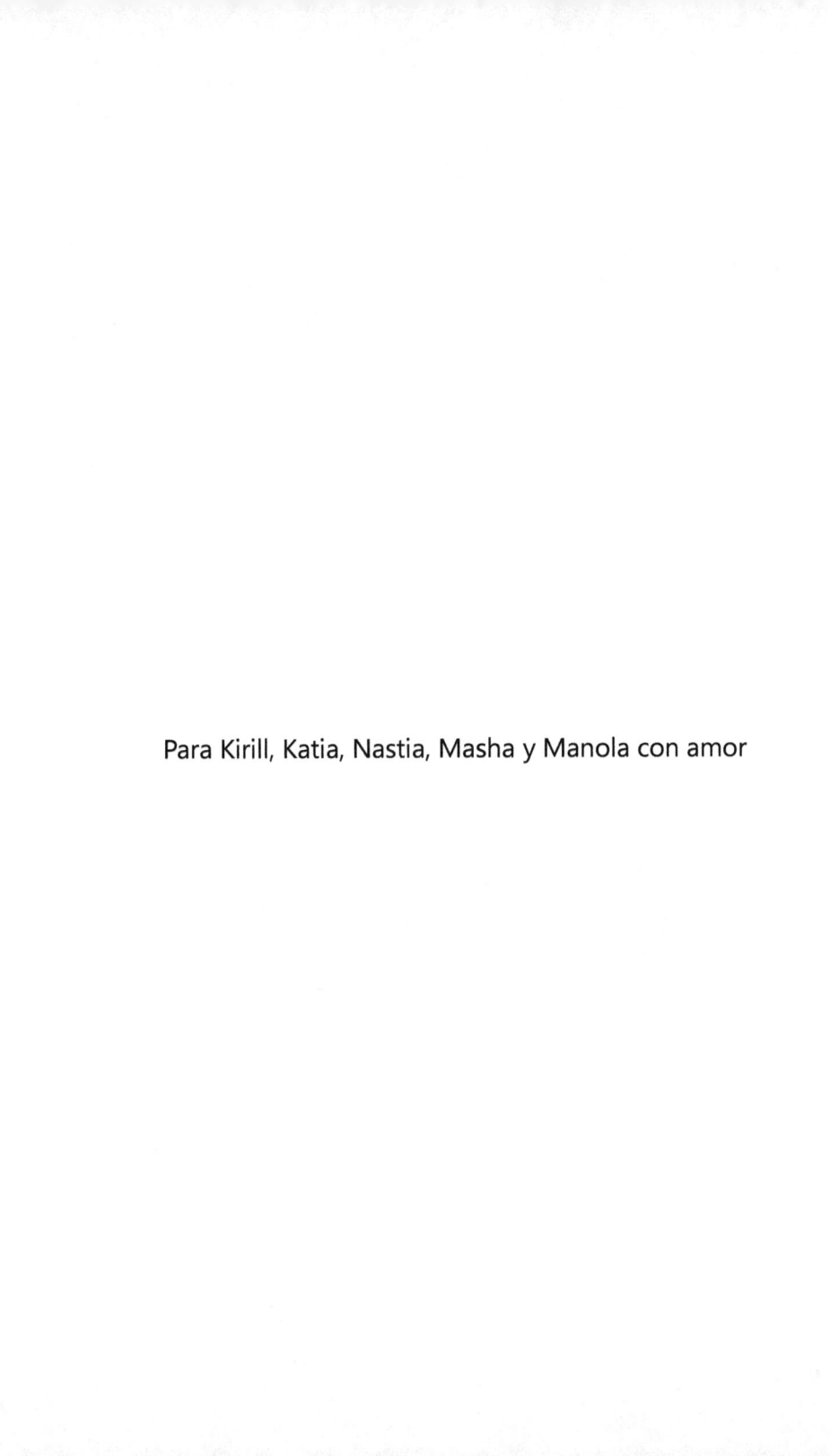

Para Kirill, Katia, Nastia, Masha y Manola con amor

INRODUCCIÓN

La aforística expresa algo extraño en lo habitual; es una protesta, por tímida que sea, contra el poderío del sentido común, una invitación a experimentar la aventura del pensar y así obtener el placer del juego de las paradojas estrambóticas y la burla de la pícara ironía. Al presuponer una frase breve y graciosa y al tener una semejanza externa con un arabesco verbal, el aforismo, no obstante, contiene cierta dosis de aversión a los desenfrenos literarios, porque en un lenguaje lacónico exhibe algo desconcertante que estimula en el lector el deseo de diluir el concentrado del pensar con sus propias reflexiones. Por supuesto, el desprecio a la trivialidad no asegura la originalidad, y sin embargo, la paradoja y la ironía son dos guantes del desafío arrojados a los pies de la razón satisfecha.

El escritor polaco Vatzlav Brudzinsky dijo alguna vez que "el aforista es un extractor de la sal ática para los manjares ajenos". En efecto, un buen aforismo es aquel que es capaz de provocarnos el deseo de convertirlo en epitafio en nuestra tumba o en epígrafe de nuestro texto. También puede servirnos como pretexto para brillar en una conversación amistosa o en una tertulia docta.

A diferencia de la narración o del análisis discursivo, la aforística no pretende expresar toda la verdad, más bien provoca a meditarla en una de sus facetas. Como una "pirueta del pensar" algunos dichos invitan a ponderar ciertas sorpresas, y los mejores, quizá, son aquéllos que engendran dos cosas a la vez: reflexión y asombro.

Como se sabe, el sentido común es un *instinto de la verdad* que no siempre funciona en el mundo de las paradojas. Por eso, el aforismo inmerso en la corriente del sentido común tiene el riesgo de convertirse en frases trilladas; pero, por otra parte, si la paradoja perdiera todo su vínculo con el sentido común, pudiera transformarse en frase pretenciosa carente de sentido. Podemos decir que cada palabra es trillada por sus innumerables usos, pero sus *extrañas afinidades* o *combinaciones audaces* pueden engendrar algo insólito. En el pensamiento aforístico, la lógica lineal del discurso se sacrifica a favor de los "caprichos" de la paradoja o de los sarcasmos de la ironía, y en este sentido, cada aforismo, digno de este nombre, debe aparecer como una afirmación inusitada. La extrañeza constituye el juicio menos probable tanto para el uso de la mayoría de la gente como para la razón discursiva, ya que contradice a lo usual y a lo evidente.

Así que el aforismo nos muestra que es posible pensar en contra de la corriente a la que nos empuja la inercia del lenguaje común; es un pequeño texto donde los sentidos de las palabras, alejados por su origen y rara vez conjugados en la vida cotidiana, se cruzan y chocan entre sí. La aforística es todo lo que puede ser pensado en forma lógica, pero no necesariamente corresponde a algo que está fuera del pensamiento; es una reflexión en su modalidad de *como sí*. El aforismo nos presenta no sólo cosas y fenómenos reales, sino diversas posibilidades de pensarlos y manipularlos en nuestra imaginación, como si estos "simulacros" se alojaran en nuestra conciencia y ampliaran sus horizontes.

En mi opinión, la tarea de la aforística consiste no tanto en explicar la realidad o elaborar algunas recomendaciones para su transformación, sino en multiplicar las posibilidades expresivas para adornarla o disolver su rimbombancia en el "ácido de la ironía". Al aforismo, como a un fenómeno estético, le importa más la elegancia que el análisis, la ironía que la solemnidad, el asombro que la seriedad, la expresión sarcástica que la constatación fáctica.

Como un género de cámara, el aforismo presupone en el lector concentración y esfuerzo intelectual; probablemente por eso tiende a ser considerado como una lectura más filosófica que literaria. Pero ni la literatura ni la filosofía han pretendido asumir un monopolio en la aforística, sintética por su esencia. En este sentido, el aforismo es un género transversal que, como un *holandés errante*, navega libremente por el océano de las formas artísticas e ideas filosóficas, rehuyendo a los cánones rígidos.

No es fácil afirmar que es lo que prevalece en este género: ¿las observaciones ingeniosas sobre una realidad, los matices finos del pensar paradójico o los ejercicios insólitos de la ironía? Como quiera que sea, en la aforística la prioridad se otorga a la paradoja y a la ironía que revisten el pensamiento con un granito de frases lacónicas, unen la elegancia de la metáfora con la agudeza del espíritu y, lo más importante, nos liberan de la inercia del estereotipo. Otro recurso del aforismo es el experimento imaginario que consiste en preguntarse: ¿qué sucedería, si...?, ¿y si desaparecieran algunos postulados que constituyen el fundamento del existir y del pensar del ser humano? Esta revoltura de evidencias triviales presupuestas por el sentido común, se puede interpretar como un intento de limpiar el pensamiento de la corrosión del *cliché* que neutraliza el asombro que, como es bien sabido desde época de Aristóteles, constituye el origen de la filosofía.

Ortega y Gasset alguna vez observó que los pintores contemporáneos no rechazan la reproducción de la realidad a favor de las formas puras, sino, a diferencia de los realistas, no lo plantean como su objetivo. Ellos la reproducen, precisamente, para que sea comprensible el gesto de su superación, pues resulta que lo más difícil es despegarse de la realidad y, a la vez, mostrar la fuerza de su gravitación. De igual manera, el aforista se esfuerza para "levantar el peso" del sentido común y expresar paralelamente la inercia de los estereotipos corrientes del pensar que no solemos observar, así como tampoco advertimos la presión atmosférica. Si el objetivo del pensamiento discursivo es conducir a la verdad, la tarea de la aforística es provocar en el lector el efecto de una *catarsis del pensar*, una curiosidad que le motive a reflexionar sobre las peripecias de la vida y sus posibilidades. El aforismo es un enunciado accesible a todo ser humano que, partiendo del sentido común, es capaz de salir temporalmente de él; es una invitación al lector a percibirse, por lo menos en algunos momentos de su vida, como un partícipe de las peripecias de paradojas excéntricas o del juego de una traviesa ironía.

Podría suponerse que el laconismo y la densidad del sentido de aforística son la expresión de la nostalgia por el gracejo y la elegancia que el hombre quisiera otorgarle a la vida entera; sin embargo, él toma conciencia de la imposibilidad de superar la variedad de expresiones usuales, porque cualquier discurso siempre utiliza más recursos verbales que los que necesita la lógica del objeto; crea una especie de reservas lingüísticas para fomentar la posibilidad de comprensión o interpretación de su contenido en el proceso de comunicación o aprendizaje.

La presente colección es un texto que pretende recuperar una capacidad casi olvidada en nuestro tiempo caleidoscópico y acelerado: inculcar una lectura lenta y meditativa para que el lector piense el contenido de los dichos irónicos y las frases paradójicas no sólo para divertirse o simplemente tomarlos en consideración, sino como invitación a una reflexión conjunta sin descartar la posibilidad de imaginar o inventar algo más original, fino o profundo. Por supuesto que no cada aforismo expresa las cosas nuevas, pero por lo menos las dice como nadie las había dicho antes. Además, como observó atinadamente Gabriel Laub, el futuro de la literatura radica en los aforismos, porque es imposible adaptarlos a la comunicación visual.

En la aforística, cada idea, como *monada*, no tiene el afán de conectarse con otras ideas-*monadas* flotantes en un espacio no comprometido por ningún discurso. Por supuesto, la densidad del sentido y la fragmentariedad del texto están preñadas del riesgo de provocar en el lector una fatiga mental, pues, según Cioran, nada cansa más como la "uniformidad de lo excepcional". Pero el carácter mosaico de las cápsulas del pensar, los hace cómodos justamente para una lectura dosificada en los intervalos del tiempo libre, por ejemplo, antes de dormir, durante un viaje en el metro o en el autobús, o en los periodos cortos de alguna espera.

Aunque este trabajo es un conjunto aislado de aforismos, el contenido de la mayoría de las frases está unido por la idea de ironía, entendida como una picardía que se extiende desde la broma hasta el sarcasmo, pone en duda las evidencias de las verdades trilladas, convierte lo sagrado en profano, lo aparatoso y pomposo en cáustico y mordaz y lo habitual en extraño. La ironía es un desprecio fino enmascarado por una atención exagerada al objeto de burla o por la modestia fingida del burlador; es una broma que sabe esconder sus garras. Si el sentido común pudiera considerarse como el instinto de la verdad, la ironía es la verdad que no oculta la divergencia entre lo deseado y lo real, el objetivo y el resultado. Finalmente, la ironía es un intento de destronar la soberbia de la razón satisfecha en sus pretensiones poco fundadas de trazar los caminos aparentemente fáciles para alcanzar la verdad, el bien y la justicia.

Expreso mi más sincera gratitud a la doctora Manola Sepúlveda Garza, mi esposa, y al doctor Pedro Canales Guerrero por su inestimable ayuda en la corrección y comentarios críticos al texto.

DEL "PASTOR" DEL SER AL "ROBOT" DEL EXISTIR

En el fundamento de todo radicalismo se esconde una exigencia estética: no sólo de mejorar el mundo sino de erradicar cualquier huella de su imperfección.

Solemos evocar la idea de la suerte cuando nos va de lo mal a lo peor; pero si todo marcha bien estamos convencidos de que somos forjadores de nuestro propio destino.

La vida es un payaso. ¿Qué otra cosa podemos esperar del "borrador" que "reparamos" en pluscuamperfecto?

La idea de la "marcha férrea" de la historia tiene un sabor amargo de cinismo.

Nuestra vida es demasiada corta para aprender todo, y demasiada larga para morir y no comprender esta verdad que, sin embargo, no anula nuestra pretensión a la vanidad ni nos protege de los complejos de inferioridad.

Hace falta terminar la vida y dejarle a la muerte el *minimum minimorum*: un esqueleto cubierto con la piel, y el deseo de deshacerse de él lo más pronto posible.

El tiempo es un mago: transforma al patito feo en un cisne gracioso; pero también es un brujo: despluma un ave majestuoso y lo hace parecer a un cuervo encorvado.

Frecuentemente, el sueño de un futuro radiante es una imagen del presente idealizado, liberado de todos los obstáculos: un *tiempo castrado*.

La eternidad es un remanso del atormentado por la arrogancia del devenir indomable.

Acostumbrado a lo "mejor", el hombre no está dispuesto soportar lo "peor". Esta paradoja puede explicar la causa de la derrota de los pueblos "avanzados" por sus vecinos menos desarrollados, pero más acostumbrados a las carencias.

Siempre estamos en el presente, pero sus rivales, el pasado y el futuro, lo hacen menos habitable y lo alientan para convertirse en un *recuerdo* de nuestra memoria o en un *presagio* de nuestra esperanza.

En la lucha por una "gran causa" primero se eclipsa la grandeza, luego mueren los combatientes y, para colmo de la desdicha, las generaciones venideras ponen en duda la gesta heroica de sus antepasados.

¿Con qué derecho me arrojaron en esta época y no en otra? ¿Por qué soy lo que soy y no soy lo que quisiera ser? Me sacaron del no ser para después hacerme desaparecer en la nada. La inminencia de la muerte convierte mi existencia en un absurdo, y la idea de la vida eterna no me otorga ningún alivio, porque mi razón exige pruebas y no hay ningunas, salvo el deseo de darle a mi vida un sentido ilusorio.

La historia humana es el olvido creciente del ser a favor de su artificio que un día, quizá, sustituirá al propio ser, si antes éste no lo acaba.

Antes del uso de los analgésicos, la conciencia del moribundo se diluía en su dolor. La anestesia moderna, al quitarlo, elimina de su psique entumecida la vivencia que se está muriendo.

El concepto del "porvenir" fue desacreditado por los regímenes totalitarios. Esto sucedió porque el futuro, en cuyo seno se esconden varias alternativas, fue transformado en una necesidad sin alternativas, porque se consideraba que sólo ésta le dará al hombre su máxima felicidad, por la cual tendría que sacrificar todas sus fuerzas y convertir esa posibilidad en un imperativo categórico.

Adán y Eva comieron la manzana del árbol de la sabiduría del bien y del mal cuando la fruta estaba muy inmadura, y la historia, desde la primera navaja lítica hasta la bomba atómica, desgraciadamente, confirmó esta hipótesis.

Casi todos los "carniceros" de la humanidad obtuvieron la "justificación" de sus crímenes por la convicción de que estuvieron consagrados por la "providencia divina" o por las "leyes férreas" de la historia.

Es imposible regresar al pasado, como también es imposible inculcar a nuestros contemporáneos la fe en un futuro radiante en los mismos términos con el que soñaron las generaciones anteriores.

El pluscuamperfecto agudiza el absurdo de la mala suerte y desprestigia el misterio del destino.

Qué es la vida sino un ajetreo constante en el presente para tener la ilusión de disminuir el peso de las preocupaciones futuras que, por paradójico que parezca, no sólo no decrecen, sino aumentan. Quizá, la razón de esta carrera incesante, en la dirección que se determina cada vez menos por *lo deseable* y cada vez más por *lo factible*, radica en que pensamos que una parada equivale a la caída, que el tiempo es dinero, y que su velocidad es sinónimo de la "plenitud" del existir.

A veces lo principal no es lo que lograste, sino qué preció pagaste por alcanzar lo anhelado y cuántas otras oportunidades perdiste.

El camino de lo posible a lo real, frecuentemente, pasa a través del *desierto de la decepción*.

Vivir según el "reloj" de la contemporaneidad significa experimentar el temor de sentirse crónicamente anacrónico.

El futuro es mientras que *será*; el pasado es en tanto que *fue*; sólo el presente *es*, porque, al devorar incesantemente lo que *todavía no es* y al desecharlo en lo que *ya no es*, se constituye como un *ser*, tendido entre los dos abismos del no ser.

Sólo utilizando cada posibilidad se aumenta la probabilidad de encontrar un azar dichoso que, sin embargo, no tiene prisa para llegar a nuestros brazos.

El sueño sobre un futuro radiante nos seduce por sus nobles ideales; pero como guía de la historia se transformó en un vampiro insaciable que no fue capaz de existir sin chupar la sangre de sus congéneres quienes no querían sacrificar sus vidas en aras de la "felicidad" de las futuras generaciones.

El "hubiera podido" libera nuestro pasado del fatalismo, pero nos hace rehenes de las posibilidades perdidas.

Una revolución suele iniciarse con un *cronocidio*: el intento de borrar la "herencia" del maldito pasado, y continua con un *genocidio*: la aniquilación de los portadores de esta "herencia".

Si el objetivo coincidiera con el resultado, el hombre tendría el sistema nervioso más estable, pero, en cambio, desaparecería el azar, la ironía, la aventura y las mujeres guapas se hubieran casado sólo con los "príncipes azules".

La misión principal de los dioses es conjurar la incertidumbre. Qué es la fe sino un remedio espiritual para fomentar la eficacia del instinto de autoconservación.

Iván Karamazov niega la existencia de Dios y proclama que "todo está permitido". Pero su rebelión es una especie de fideísmo al revés, ya que su objetivo no es negar al Ser divino, sino más bien ofenderle invirtiendo sus mandamientos. Así que el nihilismo no es el flagelo del alma religiosa, sino su complemento perverso.

Todo lo que existe, está en el presente. El futuro y el pasado "existen" para someter al presente, y sólo en los momentos críticos o extáticos, éste los transforma en sus sirvientes.

El pluscuamperfecto suele ser la "acusación" del pasado por haber engendrado un presente tan lamentable.

Todos somos cautivos de los recuerdos del pasado, rehenes del pluscuamperfecto, ambiciosos nostálgicos que quisiéramos regresar el tiempo ido para sacar un provecho imaginario de la posibilidad perdida.

Dos ideas obsesivas acompañaron la historia del género humano: *Apocalipsis* y *Utopía*. Pero la época posmoderna las disolvió en el ácido del *Desencanto*.

Algunos sueñan en llegar a una edad avanzada, pues piensan que abandonar la vida en la vejez significa liberarse de muchas preocupaciones, perder pocos placeres y perecer como "héroes" en combate contra su destino implacable.

La historia es: o bien lo que ha sucedido y que hubiera podido no suceder; o bien lo que ha sucedido y no hubiera podido menos que suceder. Lo anterior muestra que la historia puede ser un drama con intriga impredecible o bien una novela aburrida donde desde el inicio se sabe cómo terminará.

Cada uno interpreta el destino según su propia idiosincrasia: para el fatalista es un *ídolo*, para el desesperado es un *consuelo*, para el perezoso es un *asilo* y para el escéptico es un *espantapájaros*.

Si conociéramos la fecha de nuestro fin, trabajaríamos en la realización de tareas cuya solución es posible en los límites de nuestra existencia. Pero si así fuera, rechazaríamos muchas iniciativas sin siquiera comenzarlas. Además, el conocimiento de la muerte no sólo paralizaría la firmeza para realizar las metas de largo alcance, sino también nos privaría de la despreocupación interna que sólo es posible desconociendo la última fecha.

Qué es el azar sino la arbitrariedad de un destino endemoniado que de vez en cuando nos advierte que los caminos de la historia son inescrutables.

Quizá la vida no vale la pena de ser vivida; pero si te arrojaron a este mundo, no tengas prisa de regresar de donde viniste: invéntate una buena razón para existir, y quién sabe, quizá, la vida devendrá una aventura.

El destino es un jugador: arriesga, pierde y no se preocupa, ya que de antemano sabe que ganará, porque el futuro es su cómplice.

Como roedor del tiempo, el tedio lo transforma en un cúmulo de instantes monótonos que la memoria arroja al abismo del olvido.

Lo que para unos es posibilidad perdida, para otros es tentación superada.

Crecer por crecer es un principio de la célula cancerígena y también de la civilización humana en cuyo "cuerpo" ya aparecieron síntomas de las "metástasis siniestras".

En el inicio de toda empresa, la seducción por lograr el éxito sobrepasa las molestias del esfuerzo requerido y de lo incierto del resultado.

Quien con vehemencia quiere llegar a una meta, le parece que el propio tiempo empieza a temblar de impaciencia por la pasión de alcanzar lo deseado.

El éxtasis y el tedio son dos vivencias en la que se traslucen los contornos de lo eterno. El extasiado alcanza un goce ininterrumpido, pero pierde la conciencia de su mismidad; mientras que el tedioso rumee de tal forma la monotonía del tiempo que se provoca aversión hacia sí mismo.

La vida sin algún objetivo está preñada de un vacío existencial. Pero el sólo hecho de plantearlo nos hace esclavos de preocupaciones mezquinas que trivalizan el sentido de nuestro existir.

Henry Bergson mostró que los conceptos temporales no pueden ser expresados sino a través de imágenes espaciales. En efecto, el ahora está *aquí;* el después está *allá, por delante,* en alguna lejanía del *aquí,* de hecho todavía no está, sino estará; y el antes, al dejar de ser *aquí,* está *por atrás,* aunque, en realidad, desapareció por siempre y sólo "vivirá" en nuestra memoria.

Auschwitz y Kolimá mostraron que a la alternativa trágica –ser o no ser– se le puede convertir en una pesadilla monstruosa: obligar al hombre a subsistir al borde de la muerte y, a la vez, quitarle la única libertad: la posibilidad de poner fin a su existencia insoportable.

En la historia, lo que viene después, en parte depende de lo ocurrido antes, en parte de lo que sus agentes desean que suceda y en parte de lo que nadie ha previsto. Y esta incertidumbre se burla de toda predicción, por científica que pretenda ser, y otorga a la vida un matiz aventurero.

A veces tomamos los asuntos urgentes como importantes y dejamos lo importante para tiempos mejores que nunca llegarán.

La historia no se repite, entre otras cosas, porque muchos jóvenes, en sus pretensiones a la originalidad, no quieren parecerse a sus progenitores.

Varlam Shalamov trabajaba en Kolimá junto con un joven religioso que imploraba a Dios que le mandase la muerte. Un día el nuevo "instructor" decidió alimentar mejor a los "flacos" para que pudieran cumplir con la norma. Pero una comida "opípara" no restauró sus fuerzas. Sin embargo, esta porción fue suficiente para que el joven se levantara y pasara a la zona prohibida. La escolta le gritó: ¡Alto!, ¡Alto!, y luego estalló un tiro y otro... Más tarde, narra el escritor, entendí que "fue aquella porción de papilla la que le faltaba a mi compañero para decidir suicidarse. A veces el hombre necesita darse prisa para no perder su voluntad de morir".

Todos están de acuerdo en que la historia es *lo que sucedió* en el pasado, aunque nadie está seguro de que sea real *lo que se escribió* sobre aquel entonces.

El pasado no se puede eliminar, porque ya no existe; el futuro no se puede quitar, porque aún no llega. Pero al pasado se le puede *tergiversar* con falsos recuerdos, y al futuro se le puede *envenenar* con profecías siniestras.

No todos se matan en una situación desesperada, quizá, porque están convencidos de que la vida, por trágica que sea, vale más que su sentido ficticio.

Quizás, los habitantes inteligentes de otros mundos no quieran establecer contacto con nuestro planeta por no herir el amor propio del ser humano que se considera amo del universo.

Cuando el historiador toma en consideración sólo lo sucedido y no presta atención a lo que hubiera podido suceder, priva al pasado del dramatismo de la vida.

En nuestro tiempo acelerado, algunos libros se envejecen mucho antes que se jubilen sus autores.

Cuando uno está sufriendo mucho el dolor desaloja la idea de su propio no ser. Centenares de pequeñas molestias avasallan su cuerpo, y en ese entonces no se piensa en la muerte, aunque se vivencia su agonía.

El hombre es el único animal que puede enojarse consigo mismo y hasta morir por esta causa.

La promesa solemne de hacer lo imposible es el último recurso del desesperado para salvar su pellejo, por lo menos, por un tiempo corto.

No te quejes del destino: quizás, al destino le esté prescrito soportarte.

Si estás jubilado y no sabes cómo gastar el tiempo sin gastar dinero, compra una pistola y vive despreocupado, hasta que terminen tus ahorros.

El azar es imprevisible, pero, al desbaratar nuestros planes, no rebasa los límites de lo posible.

La aspiración a un futuro radiante suele surgir en el seno de una vida oscura. Pero en la medida en que el presente se pone más claro, la idea de un "porvenir feliz", agravada por sus innumerables víctimas, pierde su atracción.

El buen historiador no pierde ocasión para reflexionar sobre los hechos que sus antepasados han dejado en el basurero de la historia.

Ante la inminencia de la muerte entendemos una verdad: el ser es tiempo, y es éste lo que le da a la existencia la posibilidad de otorgarle algún sentido, por ejemplo, pensar que es "inmortal".

Para ser enterrado en el panteón de la historia, hace falta rebasar la época en que vives.

Según Cioran: "Una creencia está ligada a una época; los argumentos que le oponemos y que nos sitúan en la imposibilidad de adherirnos a ella, desafían al tiempo, de manera que esa creencia sólo dura gracias a las objeciones que le han minado". Esta observación es cierta, pero sólo parcialmente. Por ejemplo, los argumentos dirigidos contra las ideas del socialismo totalitario desafiaron no sólo el adjetivo "totalitario" sino el sustantivo "socialismo", los cuales no necesariamente tendrán que ir de la mano. Los argumentos contra el "adjetivo" se extrapolan al "sustantivo", mientras que, en realidad, el socialismo tiene su propia historia que se inició mucho antes de su crítica y, quizá, durará más tiempo que las objeciones dirigidas contra este movimiento histórico. Así que la idea del socialismo conserva vigencia por su propia importancia y no sólo por la crítica a la que fue sometida y que, indudablemente, tenía muchas razones.

El hombre canta aleluya a la grandeza del ser, y la razón de este elogio es su temor ante la nada.

Kirilov, protagonista de *Demonios* de Dostoievski, se mata porque desea demostrar su voluntad de morir y de ese modo extravagante rechazar la existencia de Dios. Sin embargo, cualquier suicidio es un acto metafísico: se matan para liberarse de la esclavitud del ser.

El tentado por el suicidio es un rebelde que se arroja al desafío: ¿por qué el ser y no la nada?

El futuro cercano es incierto y el porvenir lejano es fúnebre, pues lo que tiene que ocurrir, tarde o temprano ocurrirá. Y sin embargo, el futuro cercano nos reconcilia con el porvenir lejano, porque lo pensamos tan remoto que es "conmensurable" con la imagen misma de "lo eterno".

Los protagonistas de la historia son sus primeros falsificadores, ya que, involuntariamente, exageran el significado de sus propias acciones.

Cada tradición tiene su origen, pero si éste se confunde con la propia tradición, su sentido primordial se evapora o se transforma a tal grado que pocos podrán establecer su procedencia original.

De la idea: todo lo que es un día dejará de serlo, no se desprende que los seres humanos sean capaces de inventar algo mejor que el ser. Y sin embargo, por contundente que sea esta verdad, no libera al suicida de la tentación de poner fin a su propio ser desdichado.

Sin la amenaza de la muerte, superar los sufrimientos estará por encima de nuestras fuerzas.

El tiempo nos persuade que la vida es hermosa, pero su capacidad de disuadir (por la amenaza del fin inevitable), convierte nuestra existencia despreocupada en carrera de ratas en un cuarto cerrado.

En la vida se nos presentan varias opciones, y aunque sólo escogemos una, frecuentemente, no sabemos cómo vivirla.

Cómo el tiempo cambia el significado de los símbolos: hace cien años la panza fue un signo de la riqueza de su poseedor, y ahora es un índice de mala alimentación o un síntoma de diabetes.

Nuestras capacidades son como escudos: tratan de protegernos contra los vaivenes del destino, el vasallo del *futuro maquiavélico*.

Un síntoma de la vejez: necesitamos más tiempo para recobrar las fuerzas y menos para gastarlas.

Haz lo que quieras, pero cuida que en el futuro persista esa posibilidad, para que siempre mantengas la ilusión de ser libre.

Cada hombre se considera único en su ser, pues nunca existió antes y jamás existirá después. Pero no vale la pena hacer alboroto de esta verdad, ya que de la *afirmación de la singulari*dad a la *pretensión de superioridad*, la distancia es mínima.

Como cualquier déspota, el azar causa daño a la mayoría y sólo de vez en cuando arroja la gracia a algunos de sus favoritos.

La experiencia nos enseña a no confiar de la experiencia, ya que el presente no sólo está preñado de errores del pasado, sino de tentaciones del futuro.

La evolución creó al *homo sapiens*, la civilización le dotó de ciencia y tecnología, pero ¿le será posible terminar la labor y llegar a ser dueño de sí mismo?

Hay tres formas de *cronocidio*: el sacrificio del *escurridizo ahora* en aras del *todavía enigmático*; la reverencia nostálgica ante el *ya* sagrado a costa del *ahora aburrido*; y la disolución del *amenazante todavía* y el *decrépito ya* en el *ahora intenso*.

La muerte es una tragedia porque casi siempre se presenta *antes* que desaparezca nuestro deseo de vivir y de disfrutar la vida.

Quien con lobos anda a aullar se enseña; quien con hombres anda aprende a convivir con sus congéneres, a quienes les desprecia, pero de quienes tampoco es capaz de prescindir.

El trabajo transformó al mono en hombre, y su conciencia le convirtió en un rehén del tiempo y un cautivo del deber, lo que le ha hecho un neurótico potencial.

Ninguna tragedia es capaz de eclipsar el dolor causado por el suicidio de un ser querido, ni la idea de que esta autodestrucción fue la expresión suprema de su libre voluntad.

Cuando la *Fortuna* te da la espalda, la *Femida* empieza a interesarse en ti y, para colmo de la desdicha, la *Suerte* empieza a mirarte con desprecio.

Si los estoicos profesaron: "no confíes en la llegada de lo que esperas, aprende a convivir con lo que acontece"; los posmodernos afirman: "no te conformes con lo que sucede, contribuye al surgimiento de lo que se está gestando": un *ídolo efímero de la novedad*.

Inquietarse por cosas que jamás ocurrirán es un *dichoso infortunio*, pues nadie sabe cuándo se le ocurra al azar aburrirse de sus "travesuras".

A veces la única desdicha que convierte al hombre en un mártir, sin haber sufrido otras desgracias, es su propio nacimiento.

El hombre es un bicho raro: apenas logra satisfacer su nuevo deseo, lo integra a la categoría de lo necesario, y le parece inconcebible cómo pudo haber vivido sin esas "cosas imprescindibles" que, sin embargo, le privan de una existencia despreocupada.

Una mujer de edad indeterminada persistirá así, hasta que un día nos enteramos: la ancianita se trasladó al "otro mundo". Presa del anonimato, pasó toda su vida, pobrecita, como si Dios le hubiera aconsejado existir lo más imperceptiblemente posible.

El maniático de la sospecha no admite el azar; en todo lo que acontece quisiera encontrar una intención oculta o, por lo menos, una razón suficiente.

Para hacer la vida menos complicada, el hombre desde tiempos remotos ha intentado separar lo deseable de lo necesario. Pero, este experimento falló. Y sin embargo, el problema planteado por Epicuro hoy en día es un imperativo para la sobrevivencia de la humanidad.

Para la mayoría, la vida es una rutina interrumpida por los suspiros de lo anhelado que está fuera de su alcance.

La memoria cumple una doble función: por una parte, es la "tesorera" de nuestra experiencia; pero por otra, frecuentemente, exacerba la crueldad implacable de la irreversibilidad del tiempo: *Se hace camino al andar, y al volver la vista atrás, se ve el camino que no volverás a pisar.*

Los ancianos suelen no llorar al imaginar que pronto van a morir. Quizá, porque tienen el tiempo para acostumbrarse a esta idea; o porque el recuerdo de su edad detiene sus lágrimas; o porque la idea de que sólo el tiempo les matará les hace pensar que son afortunados.

Hay que ver lo que existe, pero también es importante preguntarse ¿cómo sería la vida, si eso no existiera?

Al ser expulsado de la eternidad del Edén, el hombre cayó en el tiempo y ahora su tarea es caer del tiempo, esto es, suspender la evolución y construirse según su propia imagen y semejanza.

La idea de eternidad ¿no es una forma de expiación de la impotencia ante el poderío del instante irreversible?

En la época moderna los fantasmas del pasado espantaban al presente, y en la posmoderna al presente le asustan los posibles escenarios apocalípticos.

La idea de un futuro radiante fue humillada por el intento de construir un paraíso terrenal cuando sus constructores fueron arrastrados bajo el convoy y murieron en los fríos barracones por cansancio y hambre.

El sueño de lo imposible puede engendrar un monstruo de lo real.

Quien no reconoce el azar, corre el riesgo de morir siendo esclavo de las sospechas de "complot" de las fuerzas oscuras.

La monotonía nos aburre, y el tedio nos hace olvidar que el tiempo es irreversible.

Los vaivenes del azar introducen en nuestra vida muchas enmiendas: trastornan nuestras expectativas, desbaratan nuestras ambiciones y nos transforman de un pastor del ser a una simple oveja del rebaño humano.

En esta vida hay que pagar por todo, incluso por lo que nunca nos sucederá, pues los caminos del azar son inescrutables.

La muerte nos dota con su sentimiento preferido --la angustia-- que está dispuesta a extendernos su mano, si ve que pronto extenderemos la pata.

El inicio de cada día nos ofrece muchas posibilidades de hacer nuestro entorno un poco mejor, y en el crepúsculo encontramos suficientes excusas para justificar de no haberlo hecho.

Por natural e inevitable que resulte la muerte de un ser querido, la fuente de tristeza radica en la comprensión de su singularidad. Desde luego, el sentido común podría sugerir explicaciones oportunas: coincidencia fatal de circunstancias, edad avanzada, enfermedad incurable. Y sin embargo, sin embargo... Todos estos argumentos, por contundentes que pudieran ser, no son capaces de eliminar en nuestra alma el sentimiento tenaz de que esa muerte tiene algo de injusto y pérfido.

Los que se consideran víctimas del destino en realidad, frecuentemente, son sólo rehenes de sus propias inferencias apresuradas.

Nada nos pertenece. Esta idea abstracta se transforma en vivencia íntima cuando por el capricho del destino nos encontramos entre la vida y la muerte.

A veces al hombre todo le parece aborrecible y absurdo y quisiera ajustar las últimas cuentas con su vida. Pero en ese momento, su imaginación le presenta su cadáver maquillado, el chismorreo absurdo de sus vecinos, la angustia inconsolable de las almas que lo quieren. Entonces, su corazón se aflige, y pospone su decisión. Para quien no quiere vivir y no puede morir por su voluntad, la tentación del suicidio es una obsesión incapaz de abstraerse de esta doble imposibilidad.

En la cara de algunos melancólicos se puede percibir: la vida, quizá, no vale la pena de ser vivida, pero tampoco existen razones suficientes para perderla.

El pobre presente tiene que pagar un tributo por su actitud negligente ante el pasado y su despreocupación ante el futuro; y si no lo pagara, de "pobre" se transformaría en "vagabundo miserable".

De vez en cuando lo eterno muestra su rostro... en las vivencias de éxtasis.

Pensar sobre la nada es difícil; no pensar nada es aún más difícil, porque el cerebro humano no puede menos que pensar, y no importa que su objeto sea tan difícil como lo es la idea de la "nada".

El devenir es enemigo de la eternidad: la desaloja de este mundo traspasándola al más allá.

Si te parece que el futuro devora el presente, estás atareado, y si piensas que el presente engulle el futuro, estás aburrido.

Qué es el remordimiento sino una lucha desesperada contra el "cinismo" de la irreversibilidad del tiempo.

La tendencia magistral del desarrollo humano, desde tiempos remotos hasta nuestros días, es el tránsito del *pastor del ser al robot del existir*.

La fe en el comunismo fue socavada por el penoso camino de su construcción. Pero hasta sin ese pasado, tan cruel, el futuro radiante hubiera intoxicado a sus constructores por las promesas interminables que se realizan a costa del sacrificio de la vida en el presente que, a pesar de cantos de las sirenas seductoras, casi siempre es sirviente del futuro. Las metas utópicas sólo lo trasforman de un sirviente a un esclavo.

La vida del hombre posmoderno oscila entre el temor de no alcanzar lo que tiene la mayoría y el miedo de no encontrar lo original de sí mismo.

El presente existe: nadie puede salir de sus límites ni por un instante, mientras que el futuro y el pasado "existen", aunque aún no hayamos entrado ni salido de sus fronteras.

Para Cioran, el concepto de existencia es una *presencia ínfima*; es "un don de la existencia, un regalo emponzoñado, puesto que viene acompañado a la fuerza por una cruel atribución de pequeñez en el orden del infinito... Venir a la existencia es, en verdad, venir a menos; mejor aún, es tener que rebajar definitivamente todas las pretensiones". Y sin embargo, a pesar de su insignificancia, un *bicho pensante*, como millones de sus congéneres, se arrastra sobre la superficie de la tierra desgarrándose, en su existencia lamentable, por la idea de que es un ser singular, y su autoconciencia acentúa todavía más su destino trágico.

Durante el éxtasis, el tiempo se vivencia como un presente puro, no agravado por recuerdos ni esperanzas. En ese momento, nuestro estado anímico nos parece comparable con la vivencia del tiempo de Dios mismo, con una pequeña diferencia: después del estado extático, nos espera casi siempre la cruda realidad.

La idea de la "mala suerte" me ayuda a soportar mis desdichas, aunque no me libera de una amarga pregunta: "¿por qué, carajo, me toca ser su víctima?"

La antigüedad es cómplice de los villanos: diluye sus fechorías en la lejanía nebulosa y la coloca más allá del bien y del mal.

El futuro nos abre nuevas posibilidades, mientras que el pasado nos obliga a comprender mejor los contratiempos que obstaculizan sus realizaciones.

El principal desafío de nuestro tiempo es la rebelión de los efectos colaterales contra la razón instrumental.

En el famoso cuento *Alicia en el país de las maravillas*, la niña le pregunta al gato de Chesire: "Por favor, podría decirme ¿qué camino debo tomar a partir de aquí?" "Eso depende mucho del lugar a donde se dirija", dice el gato. "No me importa mucho, a dónde sea", dice Alicia. "Entonces, tampoco importa qué camino tome", respondió el gato. Parece que el género humano en su marcha obsesiva hacia el futuro se encuentra en la situación de Alicia: está haciendo lo que puede hacer sin pensar mucho adónde puede llevarle esta despreocupación frívola.

Nos rebelamos contra el destino en sus dos versiones: lo inexorable que a todos nos espera, y que nos resistimos a aceptar, y lo irreparable que ya ha acontecido y que quisiéramos que regrese.

En muchas esferas de la vida el tiempo se aceleró bajo el impacto de la ciencia y la tecnología, pero en otras prácticamente no hay cambios. Hoy se puede imprimir un libro durante algunos días, pero corregir el estilo del texto, exige el mismo tiempo que gastó Kant para corregir su *Crítica de la razón pura*.

Aunque nunca podremos mirar la "cara" de nuestra muerte, tenemos que convivir con sus mensajeros --miedo, depresión, desesperación y angustia—que nos avisarán su llegada de antemano, pero no señalarán ¿cuándo, cómo y dónde?

Según Marco Aurelio, la duración de la vida no tiene ninguna importancia, porque vivimos en el instante del presente y, por lo tanto, no importa la edad que tengamos, pues perdemos sólo ese instante y nada más. El pasado no se le puede perder, porque ya no existe ni tampoco el futuro, ya que aún no lo tenemos. Despedirnos del ser no es fácil en ningún instante y, sin embargo, la idea de que el último momento corona millones de los instantes pasados, nos traería más consuelo que morir en la plenitud de la vida.

Siendo el hijo favorito de Dios, el hombre es, a la vez, un bastardo de la naturaleza.

La lucha por la sobrevivencia agudiza el radicalismo del dilema: "ser o no ser", pero no en el espíritu del escepticismo de Hamlet, sino en sentido de un imperativo implacable: "¡ser a toda costa!"

Qué es un milagro sino lo absurdo condimentado con una pizca del encanto de lo imposible.

Si el poder absoluto pervierte absolutamente, entonces, esto explica porqué el hombre como criatura no corresponde al proyecto de su creador.

Otorgar la preponderancia al presente significa expandir el tiempo, dar una prorroga intemporal al "aquí y ahora" en que se olvida el inicio y no se preocupa del final, es decir: convertir el presente en un reino de un intervalo que nunca se acaba; pero este idiotismo placentero nos obligaría a soñar de posibles aventuras y recordar al pasado con una nostalgia romántica.

El *quizá* es un fruto virtual de la relación amorosa entre el ser y la nada.

La madurez es una etapa en la que entiendes que el futuro radiante es una ilusión, que la vida pasa rápido y que es imposible regresarla; y, además, el déficit crónico del tiempo libre te priva la posibilidad de disfrutar los encantos del presente.

Si el sentido de la vida radica en el mismo hecho de vivir, entonces: ¿qué importancia tiene el intento de darle un sentido? Y si éste se encuentra fuera, entonces: ¿cómo demostrar que ese "fuera" vale más que la vida?

Cuando todo parece posible surge la idea sobre lo imposible que nos tienta que es posible. Y esta seducción nos conduciría al fracaso, si no nos detuviéramos a tiempo.

La vida terrenal del hombre es un instante en comparación con la eternidad, y precisamente de ese instante depende su calidad en el más allá.

Si interpretáramos la Génesis desde el punto de vista de la genética moderna, Eva fue un clon de Adán. El único enigma que la ciencia no puede explicar es: ¿cómo Dios logró cambiar su sexo?

No existe un tiempo perfecto. El futuro nos alarma por su inseguridad; el presente nos aburre, y el pasado, frecuentemente, nos entristece por despilfarrar la vida en cosas insignificantes.

El hombre está provisto del saber de su fin irremediable, pero desprovisto de suficientes recursos anímicos para sobreponerse a esa verdad implacable, y esto le obliga a recurrir al último "recurso": la fe en el más allá.

El pasado es pedagogo, por esencia, pero el presente no aprovecha debidamente sus lecciones, ya que permanentemente está absorto por las tareas del porvenir.

Sólo en los alrededores del futuro bulle una actividad febril, mientras que el presente es un tiempo moribundo que los archivistas y los museólogos empiezan a "embalsamar" para las futuras generaciones.

La muerte de un colega me provoca angustia que, en parte, se compensa por una satisfacción confusa: "murió Carlos, es él quien está en el féretro, y yo, quien le sobreviví, sufro y, a la vez, siento satisfacción de que todavía estoy vivo".

Cada elección está preñada de riesgos, y una decisión podría ser irreversible. Y sin embargo, por fuerte que sea la coraza protectora de lo habitual, sabemos que sin riesgo no hay posibilidad de conseguir lo deseado. Quien no se arriesga, se arrepentirá, quizá, de haberse acobardado, y el gusano de la duda le inquietará la conciencia. Aunque su vida no haya llegado a su fin, pensará que algo importante está irremediablemente perdido. El recuerdo de las posibilidades no realizadas aparecerá de vez en cuando en su alma con un espontáneo reproche.

¿Podríamos vivir teniendo conciencia del valor insustituible de cada vivencia, como si el mundo existiera sólo en ese momento, como si tuviéramos la suprema tarea de retener el instante y llevarlo a la eternidad?

Vive como puedas y, quizá, después lograrás vivir como ahora quieres, aunque lo más probable es que luego no podrás ni querrás vivir como sueñas ahora.

Cada ser humano, si no es víctima de algún accidente, es asesino potencial de sí mismo.

Según las creencias de algunas sectas religiosas, la vida es sólo la expiación, gota por gota, del instante de la concepción pecaminosa del hombre que se atrevió aparecer en este mundo.

Murió mi colega, pero ¿quién es el sujeto al cual adscribo el predicado "muerto"? En realidad, quien murió, ya no es Juan; no sé quién es. Al llamar Juan a quien está muerto extiendo su identidad a aquella persona quien vivió y fue mi colega. La muerte no conoce identidad. Murió, quiere decir que "ya no existe", "ya no está"; pero el predicado "muerto" se refiere al mismo sujeto como los demás predicados. Resulta que la "identidad" del fallecido es un equivalente lingüístico de su inmortalidad.

Somos prototipos de descendientes desconocidos que pronto nos percibirán como precursores arcaicos.

El tiempo de cada hombre, trascurrido desde su nacimiento hasta su muerte, equivale al espacio que se extiende desde el hospital obstétrico hasta el cementerio.

Esclavo de la *conciencia pragmática*, el hombre contemporáneo descansa sólo para recuperar sus fuerzas físicas o mentales sin dejar de pensar en las tareas dictadas por sus innumerables roles sociales. Y cuando no hace nada se alarma por "despilfarrar" el tiempo, en lugar de usarlo en función de las exigencias de sus preocupaciones inacabables.

La imagen de lo eterno no es homogénea: surge cuando experimentamos diferentes vivencias: un placer intenso, un sufrimiento insoportable o una monotonía tediosa.

El presente está desgarrado entre el futuro y el pasado; a veces el futuro teje el hilo del presente y otras veces el pasado pone su sello en lo que está sucediendo aquí y ahora.

Los ancianos vetustos son exiliados de la época anterior en la contemporaneidad. Algunos pueden servir como objetos vivos expuestos en los museos antropológicos, y otros, exagerando sus méritos, continúan ejerciendo sus oficios e impiden que los jóvenes ocupen sus plazas laborales.

Llorar sobre la llegada de lo inevitable o sobre una pérdida irrevocable, quizás, es inútil; pero el lamento permite acostumbrarnos a su inminente llegada o reconciliarnos con su desaparición definitiva.

Antes, al juzgar el pasado desde el presente, sentíamos orgullo de vivir aquí y ahora; y al evaluar el presente con los criterios espléndidos del futuro, nos consolábamos que todavía podríamos disfrutar sus "migajas". Ahora, nuestra mentalidad es totalmente distinta: la visión apocalíptica nos hace pensar que somos afortunados, pues moriremos antes de que sucedan los horrores destinados a nuestros descendientes.

A algunos la fortuna no les observa, a otros les hace muecas y a otros más, les guiña un ojo insinuando que no está en contra de ayudar a quien quisiera vivir a cuenta de su próximo.

Uno de los problemas del hombre radica no tanto en su temor ante la muerte, sino en el deseo de vivir despreocupado como sí ésta no existiera.

El futuro es paradójico, porque sus promesas son impredecibles; el presente es irónico, porque nunca es lo que quisiéramos que sea; y el pasado es engañoso, porque sus profecías casi siempre nos decepcionan.

Sacar un boleto perdedor en la lotería de la vida equivale a no nacer; y sacar un boleto ganador no significa obtener fortuna: al "ganador", frecuentemente, le espera una existencia lamentable que, sin embargo, él agradece, porque toma en consideración la otra alternativa.

El historiador es un pequeño dios: aunque no tiene la posibilidad de transformar el pasado, puede, por lo menos, modificar los motivos de conducta o la reputación de sus protagonistas.

Murió como vivió: nadie observó su desaparición, excepto un perro vagabundo a quien le daba de comer.

Agradecemos a la razón por descartar los prejuicios y supersticiones de la historia, y también expresamos nuestra gratitud a la historia por revelarnos las ilusiones siniestras de la razón utópica que se presenta como panacea universal contra todas las desdichas del mundo.

El historiador alemán Teodor Mommsen dijo alguna vez: "Un historiador debe ser como Dios, debe amar todo y a todos, incluso al diablo". Es decir, el historiador tiene que estar por encima de sus aversiones y simpatías, observando el flujo de acontecimientos *sub specie aeternitatis*, como, a propósito, nunca lo hizo el Iahvé del Viejo Testamento, sino, tal vez, el Dios de Spinoza.

A veces la fortuna le sonreía, pero no para darle un poco más de felicidad, sino para comprobar su sentido del humor.

Según Cioran, quien no se ha entregado a la voluptuosidad de la angustia, quien no ha saboreado en su imaginación los peligros de su propia extinción, nunca se curará del espanto de la idea de su propio fin; mientras que quien medita sobre sus futuras cenizas y se revuelca en la podredumbre de lo que inevitablemente le espera, ese mirará al pasado de su futuro, se inmunizará de la pesadilla de su destino y de la tentación de saldar las últimas cuentas con su vida miserable, pero, a la vez, única e irrepetible.

El pasado no enseña nada, pero le aconseja al futuro que castigue a quienes ignoren sus lecciones.

La vida productiva es muy corta para acumular suficientes recursos, y la pensión es demasiado raquítica para disfrutar una vejez despreocupada sin realizar las tareas que otros podrían hacer para ti a costa de tus ahorros.

Si es cierto que el hombre, al tratar de evitar los peligros de la razón instrumental, a veces los incrementa, todavía es más cierto que no existe otro remedio que la capacidad creativa de la razón misma. La última palabra la tendrá el porvenir y más vale que tenga razón con nosotros y no contra nosotros.

Tras la desolación por la pérdida de un ser querido, llega la resignación, y esta conciencia de no poder reemplazar lo que ha desaparecido por siempre, nos obliga a establecer un nuevo *modus vivendi* con nuestro ser disminuido.

Vivir es afanarse por ser alguien, por ser reconocido; sobrevivir es fatigarse para no morir. Así que lo que nos ayuda a *sobrevivir* puede perjudicarnos a *vivir.*

El destino nos enseña a crecer no sólo como algo dado por el azar sino como una tarea que nos empeñamos a resolver. No estamos totalmente atrapado en la red del destino: en parte lo asumimos y en parte lo creamos como un rival digno para crecer en la lucha contra él, teniendo conciencia clara que algún día nos aplastará.

El ser está a la vista, pero, como Proteo, se transforma, según quién, por qué y para qué interroga su sentido. Por ejemplo, para el leñador el roble es una madera; para los turistas es un lugar para hacer un picnic, y para el pintor es su fuente de inspiración.

Cada instante lo vivimos sólo una vez sin poder reiterarlo o confirmarlo. La asimetría y unilateralidad del tiempo confiere a cada momento algo único y singular: un instante es hermoso y, a la vez, triste porque entendemos que sólo podemos repetirlo como un recuerdo en nuestra memoria.

Al resaltar lo acontecido, olvidamos que el devenir introduce en la narración sobre el pasado el *dramatismo virtual de las posibilidades no realizadas*.

La obsesión por encontrar las últimas fronteras, en las cuales el espíritu se remonta a problemas cada vez más vastos, está preñada de esterilidad: la razón da razones sólo de aquello que acaece en el ámbito de lo real, pero más allá de esto, el pensamiento corre el riesgo de perderse en la obscuridad de lo inasequible.

A la historia la falsifican en doble sentido: en los documentos oficiales donde se mencionan sólo los hechos positivos que enaltecen al poder; y en los documentos escritos por aquellos que no fueron testigos y cuyo relato tergiversa los acontecimientos que sucedieron tiempo atrás.

Estamos destinados a vivir entre el *ya* y el *aun* que imponen preocupaciones incesantes a nuestra existencia en el *ahora,* y el deseo de deshacerse de ellas lo más pronto posible.

La muerte es mentirosa: finge ser enigmática y misteriosa, pero, en realidad, es un refugio de la nada. La *amenaza de la muerte*, como una parte inalienable de la existencia humana, es más efectiva, porque es un regulador universal de la vida en común.

Nadie puede enseñar el "arte de morir"; tampoco puede asumir el morir de otro, y aunque cualquiera pueda morir por su prójimo, ningún autosacrificio le libera de la inminencia de su propia muerte. En vano el moribundo rey de la pieza de Eugenio Ionesco implora: "Vosotros, que habéis muerto antes que yo,... decidme cómo lo habéis hecho para morir... ¡Ayudadme a franquear la puerta que habéis franqueado!" Desgraciadamente, esta última llamada de socorro es una ficción artística: el tránsito del ser al no ser cada uno lo tiene que hacer por sí solo.

Cada uno de vez en cuando "viaja" en su imaginación por el tiempo: transita al pasado antes de su nacimiento o visita al futuro en que nunca aparecerá y reproduce, involuntariamente, las preguntas que hace siglos planteó Pascal: "¿Me asombro de verme aquí y no allí, porque no existe ninguna razón de estar aquí y no allí, ahora y no en otro tiempo. ¿Quién me ha puesto aquí? ¿Por orden y voluntad de quién este lugar y este tiempo han sido destinados a mí?" La única respuesta a esta interrogante es el *azar* que utilizó el encuentro amoroso de mis padres, en el cual un solo espermatozoide rebasó cientos millones de sus rivales y penetró en el óvulo y formó una célula fecundada, precursora remota de mi "yo", único e irrepetible.

Que Dios exista o no, es imposible demostrarlo. Pero el hecho de que muchos lo necesiten, le otorgan un gran valor: *no todo lo que vale existe, ni no todo lo que existe vale.*

Antes de mi aparición en el ser, no tuve la idea de lo que es vivir la vida. El nacimiento me convirtió en testigo de mi propia existencia incrustada en una pequeña parcela del espacio y del tiempo. Quizás, el destino no me preparó las mejores condiciones para mi ser, pero qué significa esa desgracia en comparación con el privilegio de estar instalado en este mundo. Y aunque la idea del suicidio de vez en cuando me tienta, la idea de mi existencia singular me impide acelerar mi regreso prematuro a la nada. La experiencia de la vida que tuve que adoptar me retiene y me infunde el temor de perderla. Incluso ella me hace sentir como un suertudo, recordando miles y miles de millones de mis semejantes quienes no han nacido, aunque hubieran podido ser habitante de este mundo.

Cuando recuerdo tantos seres queridos que abandonaron este mundo, siento una aflicción inconsolable, sobre todo por los que se fueron tempranamente. No obstante, mi compasión tiene sus matices: los muertos ya han resuelto todos sus problemas, en tanto que los vivientes tenemos que afrontarlos.

Todos somos capaces de imaginar un tiempo antes de nuestro nacer. Quizá, por eso miramos las imágenes de nuestros antepasados con una curiosidad y pensamos: enfrentaron sus problemas y ahora descansan en paz, obligándonos a continuar sus causas que asumimos y que, quizás, heredaremos a nuestros descendientes.

Por pequeño que sea, ¿habrá un instante que como un rayo de luz te comunicará el fin de todos los instantes?

Es difícil superar el dolor y la angustia causados por la muerte de un ser querido por la idea de su "inmortalidad", dada a través de las generaciones venideras. Parece que nunca podremos reconciliarnos con la inminencia de nuestra aniquilación personal. Tampoco nos dará consuelo la idea de Spinoza de que la muerte, aunque pueda borrar lo que somos, nunca eliminará el hecho de que hemos sido o que aún estamos siendo. La muerte separa los fallecidos de los vivos y, a la vez, les une con los lazos emocionales de la igualdad y hermandad dramáticas ante su destino común, que muchos ni siquiera sospechan.

El moribundo se ve en una situación trágica cuando la fecha de su fin es tan cierta como la necesidad de morir un día cualquiera, y esta situación provoca el infierno de la desesperación. Precisamente por eso el hombre pospone la fecha de su muerte, se rebela contra su inminente fin diciendo: sin duda voy a morir, pero no por ahora, más tarde, un día, en el que no es necesario pensar. Así que la muerte, a pesar de su inminencia, *casi nunca es para esta ocasión*.

"Hubiera podido" es una ilusión que nos ayuda a "abrir" una brecha en la fatalidad de lo irreversible.

El "historicismo" es endiosamiento del tiempo, la teodicea de la fatalidad del devenir, la idolatría ante el futuro. Su ideología parte de la premisa de que la historia "sabe bien" adónde se dirige y tiene todas las garantías de alcanzar éxitos. Su meta radica en la realización de *lo que todavía no existe* y *lo que debe surgir* como resultado de los esfuerzos de las masas que construyen su futuro, apoyándose en las leyes de la *Historia* "descubiertas" por sus teóricos y guiadas por sus partidos que "saben" cómo aplicarlas a través de la propaganda y la coacción que, supuestamente, aceleran la marcha de la humanidad hacia un "futuro feliz".

La eternidad es una manía de la grandeza del instante; un "presente congelado" que no precede al futuro ni emana del pasado.

La vida es maestra, porque permanentemente nos interroga, aunque explica el sentido de sus lecciones con claridad sólo en el pluscuamperfecto.

Si el desenlace de la vida es la muerte, entonces la vida es un existir sin esperanza de éxito. Sin embargo, según Albert Camus, vivir dignamente significa no humillarse ante el *amor fati* de un conformista ni descender hasta el atolladero desesperado de un suicida. Vivir significa existir desafiando el absurdo del morir.

El pasado fue el presente, un presente que, soñando sobre un futuro mejor, aspiraba a liberarse de su miserable aquí y ahora.

Muchos pensadores del pasado soñaron en llevar el barco de la historia a las "islas felices" de la utopía. El marxismo trataba de realizar este sueño apoyándose en una ruta teóricamente elaborada que resultó errónea, y las tormentas de la historia, al desgastar la nave, la encallaron. Ahora este barco navega en el océano del tiempo sin timón, y nadie sabe adónde se dirige la humanidad.

Lo acontecido hubiera podido suceder de otras maneras, y en estas posibilidades desvanecidas radica la nostalgia por las ilusiones perdidas.

Hay dos tipos de fatalidades: modificables e inexorables. A las primeras el hombre las trata de controlar, prolongando la vida, curando las enfermedades genéticas, frenando los estragos de la vejez.... Muchas fatalidades inexorables de antaño han pasado a la categoría de modificables. Sin embargo, el último final se precipita, el tiempo llega, el tiempo inexorable de nuestro destino. Si las fatalidades modificables tienen como aliado el poderío de la razón, las fatalidades inexorables tienen a su lado la marcha implacable del tiempo, incontenible por ningún logro de la razón.

Cómo pasa el tiempo: cuando empecé a escribir aforismos mis coetáneos luchaban contra calvicie, y mis coetáneas estaban en las filas para hacer cirugías estéticas; y ahora cuando terminé este libro ya se ríen de su afán de rejuvenecer.

La historia vista a través de la óptica del pluscuamperfecto permite ver la realidad del pasado no sólo desde la altura del presente, sino también con los ojos de los agentes de antaño. Según Niall Ferguson, si la historia es la historia de las diferentes posibilidades, sin duda tendremos que atribuir igual importancia a todos los futuribles que hayan sido pensados. "El historiador que... borre las restantes alternativas que la gente consideró plausibles, no puede aspirar a captar el pasado "como en realidad fue"...; para comprender cómo fue en realidad, tenemos, por consiguiente, que entender cómo no fue en realidad; pero cómo podría haber sido a los ojos de los contemporáneos". Esto es aun más cierto cuando el desenlace real es algo no esperado, que no fue pensado hasta que ocurrió.

El mérito principal de los hechos consiste en su terquedad. Si no fuera así, el mundo sería un paraíso para los demagogos.

Algunos forjan su suerte, otros la encuentran casualmente en las encrucijadas de su camino, y otros más..., lo compran.

El tiempo borra las posibilidades no realizadas y convierte nuestra vida en destino.

La condensación de las innovaciones conduce a la reducción del tiempo. El presente se enjuta como piel de sapa: el incremento de innovaciones en una unidad temporal disminuye el intervalo más allá del cual el pasado nos parece rápidamente anticuado; llega al punto en que ya no podemos reconocer los rasgos habituales del pasado y hasta nos parece extraño. ¿Cómo hubiéramos podido vivir sin Internet ni teléfono celular? La aceleración de los cambios conduce a que nuestra expectativa de duración de los acontecimientos se comprima en el tiempo, y es por ello que tenemos la impresión de estar condenados a vivir permanentemente de prisa.

Constituye una verdad angustiante reconocer que así como venimos al mundo sin que nos lo solicitaran, un día nos iremos sin dar nuestro consentimiento.

De vez en cuando nos preguntamos: ¿para qué vivimos? Al no encontrar ninguna respuesta satisfactoria, decimos: somos esclavos del ser. Si no fuera así ¿cómo podríamos soportar tanta cantidad de los acontecimientos absurdos y no convertirnos en idiotas?

Antes todo era "peor", pero las filas de los adeptos de la fe en un futuro radiante fueron más largas, y la misma fe desataba la tempestad de las pasiones frenéticas.

El hoy es difícil, si está cargado de las tareas del mañana y de las obligaciones no cumplidas de ayer.

La existencia de nuestros padres y abuelos es una trinchera simbólica que protege nuestra vida y nos aleja del fantasma de la muerte. Al convertirnos en huérfanos, ocupamos su trinchera y protegemos simbólicamente la vida de nuestros hijos y nietos.

Todos corremos hacia los mismos objetivos, pero por diversos caminos y con diferentes ritmos, y sólo algunos curiosos se las ingenian para detenerse a contemplar a su alrededor y disfrutar el presente.

Dios solamente creó el tiempo en el presente; el derecho a soñar el futuro y recordar el pasado es una invención de Satán después de que Adán y Eva fueron expulsados del Edén.

Si te parece que existen síntomas que indiquen que la fortuna te sonreirá, cerciórate de que no sean muecas sarcásticas.

Soñamos obtener una gran meta; finalmente, conseguimos algo que tiene poco que ver con lo anhelado, y después de "digerirlo", declaramos que es una lección que nos regaló la vida.

El amor a la vida obliga al hombre ir contra viento y marea, y la idea de su peculiaridad le da esperanza a superar la amargura de la conciencia de su propia insignificancia.

A veces, tomamos los asuntos urgentes como importantes y dejamos lo importante para tiempos mejores que nunca llegarán.

Si el ser humano fuera inmortal, ¿qué sentido tendría amar la vida terrenal? Según Calvino, sólo algunos escogidos pueden disfrutar del paraíso, mientras que para mayoría, que puebla infierno, la existencia terrenal le parece un paraíso.

Pensar que hubiéramos podido prescindir del pluscuamperfecto significa sumergirnos en la inocencia del devenir: borrar las huellas de la angustia, la cual, a pesar de lo absurdo, nos empuja a "resucitar" el pasado e intenta a "reparar" lo irreparable.

Para todo ser humano, que dejó de existir, su pasado fue presente y en éste pensaba y soñaba su futuro. Así que para él, sus proyectos y planes fueron no menos importantes que sus actos cristalizados en el cuerpo de los hechos históricos. Se sabe que lo irreversible alguna vez existió como posible, y que sólo en sus posibilidades el hombre se expresa plenamente, así que lo que pretendía alcanzar define lo máximo de su ser en el tiempo en que le tocó vivir.

El combate contra la inminencia de la muerte le otorga la osadía a nuestra derrota.

Ya que no está previsto el castigo por el robo de nuestro tiempo, tenemos que preservarlo con nuestros propios medios con el riesgo de enfrentarnos con los burócratas, cuya misma razón de ser, entre otras, es despilfarrar el tiempo de los ciudadanos.

Lo virtual es una expresión fantasmal del gato de Chesire que físicamente ya desapareció, pero su sonrisa picaresca hechiza la mirada de Alicia. Según Cioran, la ventaja de lo virtual es tan evidente que no nos deja de provocar asombro: ¿cómo ha podido surgir su antípoda: el ser?

El devenir, esta carrera infinita sin desenlace, produce una fatiga del ser humano y engendra en su conciencia la imagen de la vida idílica no agravada por preocupaciones ni agobiada por remordimientos.

Cada espermatozoide tiene la tentación de fecundar al ovulo, porque el ser es una posibilidad tan insignificante en comparación con el no ser, que es imposible resistir a la tentación de probar sus encantos.

Hasta la palabra "ser" es imposible reducir a un solo significado: "ser" en sentido de cópula; "ser" como existencia; "ser" como identidad (soy lo que soy) o "ser" como verdad: "¿es así como dices?

Cuando llega el tiempo final, cada instante empieza a gritar sobre lo eterno. Sólo que para algunos ese eterno es la "vida en el más allá", mientras que para otros es la vorágine de la nada.

La vida pasa tan rápido que pronto empiezas a entender que lo mejor ya quedó atrás y lo peor, es lo que te espera en adelante.

La sobrepoblación y las limitaciones de espacio obligan a nuestros contemporáneos a convertir los cadáveres en cenizas y acabar con el *esqueleto* como símbolo de la muerte.

SOY "CASI NADIE", PERO ESE "CASI" ES TODO LO QUE TENGO

Hombre soy y ningún complejo diabólico le es ajeno a mi inconsciente.

Existen quienes pueden ser llamados inhumanos por su crueldad, sadismo o barbarie. Sin embargo, nos igualaríamos a ellos, si les negásemos su pertenencia a la especie humana, a pesar de que ellos no reconocieron a sus víctimas como seres humanos y quisieron borrarles de la faz de la tierra como si fueran insectos venenosos.

La ley de talión es una venganza que otorga consuelo. A pesar del dolor, nos ponemos más alegres recordando la nariz rota del sujeto que nos rompió el diente.

Si alguien dice que es sólo *su verdad*, entonces esa verdad es muy pequeña para expresar algo más significativo que la opinión de ese alguien.

Si todo ser humano pensara: "no importa dónde estoy ni en qué momento vivo; siempre estoy en el centro de mi mundo y vivo en las entrañas de mi época", cuántas frustraciones se evitarían, aunque, quizás, la humanidad perdería la pasión romántica de soñar sobre un futuro mejor.

Frecuentemente, para alcanzar algunos objetivos se exige tiempo y muchos esfuerzos, y es por eso que nos acostumbramos a convivir con nuestras carencias, satisfaciéndolas con cualquier sucedáneo, así como un pordiosero hambriento llena su panza vacía con comida chatarra en espera del manjar celestial.

Mi proyecto fracasó, y, sin embargo, de vez en cuando recurro a la revancha: saboreo mi "triunfo"... en "hubiera sido posible".

Ante la idea de infinitud, mi existencia es "casi nada". Es muy fácil pasar del "casi nada" a la nada. Sin embargo, no lo hago, porque entiendo que el "casi" es todo lo que tengo.

Si a la igualdad de posibilidades se le agregara la igualdad de capacidades, se podría construir una sociedad donde no existieran diferencias entre el objetivo y el resultado, se establecería una igualdad total y donde, no obstante, nadie quisiera vivir.

La edad, el sufrimiento y la cercanía de la muerte pocas veces cambian el fondo del ser humano. El rencoroso o el envidioso abandonan este mundo sin arrepentimientos. Incluso, el vergonzoso se siente incómodo por dar molestias a sus seres queridos en vísperas de su muerte. Así que el genio más que la figura dura en la memoria más allá de la sepultura.

Quien sueña ser intelectual debe estar dispuesto a pasar buena parte de su tiempo sentado y encorvado. Y quien, además, quiere ser un intelectual famoso tendrá que hacerlo toda su vida.

Bastardo de la naturaleza, el hombre la convierte en su propio artificio; el artificio de un bastardo.

Qué es la voluntad sino el amo de los deseos cuya tarea es señalarles el camino, prescribirles la medida o reprimirlos cuando sea necesario.

Si uno hiciera de antemano lo que debe hacer ¿habría necesidad de usar el poder? El poder no es sólo amenaza de coacción; también es fascinación que va más allá de emitir órdenes y hacerlas cumplir.

Si somos testigos de extravagantes acontecimientos, nuestro asombro aumenta al pensar cómo los vamos a narrar a los demás.

Quien sea capaz de reírse de sí mismo, no necesita el altar para reverenciarse ante los ídolos que adoran los demás.

Una cosa es fracasar, otra reconocer el fracaso y otra más declararse fracasado. Un fracaso puede ser resultado de las travesuras del azar; pero declararse fracasado es reconocer ser víctima del destino cuyo lema reza: *unos nacen con estrella y otros estrellados.*

Las fieras enjauladas son animales degradados. La observación de los presos humanos le daría a un extraterrestre inteligente una idea más certera sobre la naturaleza del *Homo sapiens* que sobre la esencia de la especie de un animal cautivo.

Existir dignamente significa pagar un tributo a los demás por la osadía de ser uno mismo.

La ceremonia destinada a adjudicar nombramientos o títulos confiere a los individuos una identidad acrecentada, razón de ser social que llevarán hasta su muerte y quizás grabarán como epitafio en sus tumbas. Al otorgar el título, el cuerpo social frecuentemente doma con la rienda de su investidura el alma anárquica del ciudadano rebelde, y transforma al inconforme en devoto servidor público.

Si fuera dueño de mi propio cuerpo, le daría a ese canalla una buena lección: le prohibiría fumar, tomar alcohol y le pondría una dieta muy estricta.

Una de las paradojas de la vida: el tiempo corre, la energía disminuye, pero el reconocimiento crece. Además, la voz interna ordena: manténgase a toda costa, no retroceda. Y a este "pobre" reconocido no le queda otra opción que rogarle a Dios que proteja sus capacidades y le permita expirar frente a su escritorio.

No todos los clásicos contemporáneos soportan la prueba del tiempo. Frecuentemente, la vejez les baja de rango y la muerte les quita el título.

El consuelo nos reconcilia con la desdicha y finge ofrecernos una tercera opción entre el éxito y la frustración.

Elias Canetti alguna vez dijo que la rivalidad por el reconocimiento, propiamente dicho, comienza a menudo cuando los rivales ya no están. "El combate que librarán sus obras ni siguiera lo podrán presenciar". El tribunal del futuro tomará en consideración, por supuesto, los esfuerzos del aspirante a la gloria, pero le pondrá una calificación según los criterios propios que, quizá, podrían reducir a polvo todo el trabajo ascético del candidato a clásico.

Por fin, el escritor obtuvo la fama... como un *genio no reconocido*.

Por fin, alguien llegó a la cima de su carrera y todos esperan lo máximo de él sin permitirle relajarse. Esta expectativa es el verdadero pago de su éxito.

En toda ingenuidad hay cierto encanto, sin éste el ingenuo sería simplemente un tarado.

Lo imposible es posible sólo para los dioses; los seres humanos, al tratar de realizarlo, hacen su caricatura, así lo demostró los intentos fallidos de construir el paraíso terrenal.

A muchos nos unen las desdichas compartidas, pero todavía más nos consolida la victoria sobre un enemigo común.

La mayoría llegamos a este mundo con algún "defecto" que necesitamos ocultar. Pero si todos naciéramos con el cuerpo ideal, de todas formas recurriríamos a los artificios por querer ser más perfectos.

Ser uno mismo no es fácil, y menos aun cuando sospechas quién se esconde detrás de la máscara que muestras como tu "verdadero" rostro.

Todo hombre fino desprecia una alabanza burda, pero *no* en la profundidad de su alma.

A veces tratamos de persuadirnos de que somos nadie, pero algo dentro de nosotros rechaza este nihilismo. Incluso, somos capaces de anticipar nuestro morir, de pensar que nos olvidarán, pero no podemos imaginarnos como si nunca hubiéramos existido.

A pesar de luchar contra nuestra propia arrogancia, inevitablemente estamos destinados a la hipocresía en cuanto a los motivos que nos obligan a alcanzar el reconocimiento.

En algunos, los deseos insatisfechos engendran sueños, en otros, rebelión contra la realidad y en otros más, el desprecio contra sí mismos.

Cuando te dicen: "No hay paso atrás", significa que en adelante te espera una vida más difícil.

Quien ignora el desprecio ajeno posee la "piel de rinoceronte" o no tiene amor propio, o simplemente desprecia en secreto a quien le desprecia abiertamente.

"¡Sé tú mismo!", si todo el mundo siguiera este lema, algunos se cubrirían de pelos y en su frente crecerían dos cuernos.

Para algunos escribir equivale a tener dolor de cabeza, pero no escribir es todavía peor: padecer complejos de inferioridad o sufrir la disminución de sus ingresos.

Quien quiera hacer algo por su propia voluntad, no necesita cumplir órdenes. Pero quien emite ordenes, tiene la ilusión de que sus subordinados no pueden hacer nada sin sus mandatos.

La vejez acentúa algunas predisposiciones del carácter del anciano, pues estaban en él antes de su nacer e incluso, antes de su concepción, en los genes de sus antepasados.

La fiesta desempeña muchas funciones: es un sucedáneo de la sed de aventura, una terapia contra la frustración, un deseo de quitar la máscara y un anhelo de confesión.

El hombre se distingue de otros animales por la conciencia de su muerte, pero todavía más por el deseo de no morir.

A la reputación, herida por las "balas" de palabras ofensivas, luego le dan el "tiro de gracia" con el silencio despectivo.

Algunas verdades nos excitan, como si tomáramos una copa de champaña; otra nos desembriagan, haciéndonos sufrir una cruda; y otras más nos provocan el deseo de emborracharnos hasta tal punto que ya es imposible separar la verdad de la mentira.

Hay gente "dichosa": siempre plantea sus tareas por debajo de sus posibilidades y conserva bien su salud, pero de vez en cuando se atormenta por sus propios reproches en el pluscuamperfecto.

Uno nunca podrá ser otro, y esto constituye una razón suficiente para conocerte a tí mismo y entender mejor que ningún oficio puede agotar tu "yo", único e irrepetible.

El hombre que a todos critica está en edad crítica o padece de un complejo de inferioridad.

El masoquista quisiera infligirse el dolor y por eso involuntariamente convierte a su pareja en sádica. En tanto que el sádico no quisiera que su pareja fuera masoquista, pues la manifestación de placer masoquista disminuye su propio placer sádico, basado en la imposición de un dolor no deseado.

Recurrir a la idea de "mala suerte" es un "derecho" del fracasado para reconciliarse consigo mismo.

La venganza como furia incontrolada fue sustituida por la ley de talión: "ojo por ojo, diente por diente". Aunque el talión tiene cierto parentesco con la venganza, se apoya en la comprensión de que la gente no es tan peligrosa en sus fechorías, sino en su furia desmedida. Al recomendar arrancar el diente a quien le quebró su molar, la ley de talión, a la vez, prohíbe romperle su quijada.

A quien le aman por sus méritos, quisiera ser amado por su ser sin entender que sus méritos constituyen el meollo de su ser.

El ser humano es el único animal que sabe que desaparecerá, y el único que quisiera ser reconocido después de su muerte.

Que la vida enseña es verdad, pero que siempre enseña lo bueno y lo bello es mentira.

El hombre es el único animal quien de vez en cuando se pregunta: ¿por qué soy tan bestia? Kant respondió a esta interrogante: "a partir de una madera tan torcida como la que está hecho el hombre no puede tallarse nada enteramente recto".

A veces nos despertamos súbitamente como si regresáramos de un reino mágico, y por algunos instantes olvidamos quiénes somos y dónde estamos; sólo un poco después aparece nuestra conciencia, llena de preocupaciones fútiles, y el espacio de nuestro entorno tan deplorable como nuestro yo miserable.

Un texto se escribe para su lectura "allá" y "en aquel entonces": pero cuando este mismo texto se lee "aquí" y "ahora", en presencia del autor, éste experimenta un conjunto de sentimientos contradictorios. Según la observación de Mijail Epshtein, cuando alguien lee nuestro texto con el rabillo del ojo y continúa hablando con nosotros, experimentamos celos por nuestro texto porque no distrae de nuestra presencia. Pero si alguien lee nuestro texto y no presta atención a nuestra persona, también nos preocupamos: qué insignificantes somos, si el texto no provoca ningún interés a su autor.

Lo que alguien piensa de sí mismo no agota toda su personalidad, aunque constituye una parte significativa, incluso cuando ese alguien se considera como inútil.

La aspiración de parecer mejor de lo que somos no es un impedimento, sino una condición para comprender que lo que quisiéramos ser es lo que realmente somos.

No todos los martirios creativos del autor se traducen en una obra maestra. Y los suplicios de Dios para crear al hombre a su imagen y semejanza confirman esta verdad.

Ya que nuestra esencia no coincide con nuestra existencia, de vez en cuando nos sorprendemos de nosotros mismos.

No es suficiente llegar al poder, hay que ingeniárselas para salir de él con las menores pérdidas posibles.

Si no existiera el reconocimiento, se desvanecerían los estímulos que nos motivan a destacar, competir y hacernos mejores. Quizá también se desvanecerían la avidez, los celos, la envidia y el orgullo, pero ¿es posible la existencia humana carente de la aspiración a ser valorada y al mismo tiempo viable y creativa? Es difícil dar una respuesta. Y, sin embargo, son pocos los que no se ennoblecen por el reconocimiento de sus méritos.

El niño llora y la madre se apresura a calmarlo. Pasa el tiempo, el niño llora otra vez, pero su mamá tarda en llegar para tranquilizarlo. Y esta demora prepara al bebe para el día en el que sólo contará consigo mismo.

Así como una gran variedad de mercancías encuentra su equivalente universal en el dinero, una variedad inmensa del crimen tiene su equivalencia en la privación de libertad.

Varlam Shalamov, partiendo de su experiencia como preso en un campo de concentración, constata: "Si la indigencia y la desgracia engendran amistad, significa que la indigencia no es tan extrema y la desgracia no es tan grande. La pena no es tan profunda, si todavía puede ser compartida".

Si observamos atentamente la conducta de la gente que nos rodea, pronto descubriremos una llamada suplicante en los ojos de todos aquellos que han terminado una empresa, una obra o cualquier género de actividad: ¿y qué, y luego, de verdad es buena? nos dicen sus miradas suplicantes.

Conocer el límite de tus posibilidades significa disminuir vanas ilusiones, pero también quitar las posibilidades de sorprenderte a ti mismo.

Cada generación es distinta: tiene una *manera propia* de causar aflicciones a sus padres.

Al estar desesperados, estamos dispuestos, como un lagarto, a dejar la cola para salvar nuestro pellejo.

En vez de ser alguien ¿por qué no querer ser varios? Este tipo de añoranza constituye el rasgo distintivo de Kierkegaard, quien definió su vida como el *punto cero* entre el ser y la nada, como un eterno *quizá*.

El tedio atrofia los deseos y no te permite esconderte de ti mismo.

La envidia es un vicio que rinde tributo a la justicia.

Quien posee el poder se otorga el *derecho* de emitir la última réplica y el *privilegio* de hacer esperar a los demás.

El hombre es una partícula del universo; pero no podría existir sin considerarse como centro de su microcosmo.

Algunos hombres no hacen otra cosa más que prepararse para el futuro. Estos sueños agotan el sentido de su existencia en el presente.

Desde que apareció el pudor, el ser humano quisiera esconderse de sí mismo detrás de las máscaras de sus roles sociales. Por eso, casi todo en él es artificial: desde su andar erguido hasta sus últimas palabras pronunciadas en la agonía.

Lo que está por encima de nuestras capacidades, frecuentemente, está por debajo de nuestra vanidad.

El azar es una razón suficiente para evitar las acusaciones de un fracaso, pero también es consuelo para un frustrado.

¿Qué es el hombre? Nos lo hemos preguntado por miles de años, y al tratar de responder, cada vez encontramos más sorpresas mezcladas con sentimientos de asombro y perplejidad.

Sólo el hombre puede vivir sin someterse a las leyes de la mayoría, y sólo él es capaz de percibir esta desobediencia como signo distintivo.

Muchos abandonan este mundo en plena conciencia, pero sólo algunos saben "organizar" la agonía y regalar a los sobrevivientes sus últimas palabras, que son casi sagradas, porque después llega un eterno silencio.

El hombre promete, aunque, frecuentemente, no cumple. Precisamente la apreciación exagerada de sus posibilidades constituye la mayor parte de sus problemas con los demás.

En la mente de casi todos los seres humanos de vez en cuando surge la idea de ajustar cuentas con su propia vida, aunque sólo algunos la logran concretar; los demás la aplazan, pensando que, quizás, es mejor otorgar ese "derecho" a la misma vida.

Lo que nos prohibimos, nos da derecho de prohibírselo a los demás. Sin embargo, esto no nos libera de una duda secreta: ¿vale la pena prohibirnos lo que les prohibimos a los otros? Apenas aparece esta tentación y nuestra conciencia se intoxica por hipocresía.

Hay gente que siempre está triste, como si supiera la fecha exacta de su fin.

Contra las evidencias de los grandes méritos de los otros, sólo nos queda reconocerlos. De esta manera matamos dos pájaros de un tiro: les damos alegría y estrangulamos nuestra envidia.

Cuando llegamos a la edad avanzada solemos sentir que nuestra existencia se está acabando. Y sin embargo, a pesar de la nostalgia del pasado que ya no regresará, entendemos que lo más importante está por delante que, desgraciadamente, se va reduciendo.

Al hombre le bastaría mirarse a sí y, dependiendo de lo qué encuentre en su interior, experimentara compasión o desprecio por su prójimo.

La capacidad de llorar o reír está en nuestro código genético, pero el sentido de la sonrisa sardónica o del lloriqueo quejumbroso se puede descifrar sólo conociendo los "códigos" de la cultura.

Cuando no tenemos muchos meritos podemos estar orgullosos de lo que no hicimos: por ejemplo, no habernos enriquecido ilícitamente, no haber estafado a nuestro prójimo. Sin embargo, vale la pena preguntarnos: ¿por qué no lo hicimos: por cobardía, por ausencia de oportunidades, o por fidelidad a nuestras convicciones? Y las respuesta a estas interrogantes disminuirán nuestro "orgullo".

Quien ha experimentado el sabor de la gloria siente su necesidad y cuando no puede disfrutarla, desciende al mínimo: se satisface con la conciencia de su propia importancia.

Aprende a respetarte a ti mismo. Si no logras sacar ningún provecho de tu dignidad, por lo menos, podrás soportar dignamente el "complot del silencio" de los demás sobre tus méritos.

En el proceso de comunicación con mi interlocutor, también mantengo un diálogo interno conmigo mismo. Por ejemplo, comienzo a decir algo desagradable para él, y de repente me doy cuenta que mi interlocutor me considerará avaro o ingrato, e inmediatamente cambio el sentido de mis palabras ya prestas a volar de mis labios. La idea sobre el efecto que producirá el contenido de la frase todavía no pronunciada, me obliga a repensarla y cambiar su sentido.

Vivir: ¿no significa estar envenenado por el "virus" de la conciencia de nuestra propia importancia?

La sed de superioridad es atributo inherente a la especie humana. Su misma evolución está plagada del arribismo que, probablemente, le hizo exterminar a su "primo" al *homo sapiens neandertal*.

A partir del siglo veinte la humanidad entró en una fase en la que cada generación hereda no sólo la suma de las fuerzas productivas de sus antepasados, sino, como animal de carga, lleva en su espalda el peso de las fechorías de sus antecesores.

Cioran dijo: "La muerte es inmoral", ya que "al morir arrastramos a la tumba al mundo entero". Por fortuna, existe una "fe animal" que, según Santayana, resiste a la sofística del solipsismo de la muerte y nos convence que el mundo seguirá existiendo después de nuestro fin.

Konrad Lorenz considera que, a diferencia de otros animales que poseen "armas naturales" – colmillos, picos, garras–, el hombre está carente del instinto que le inhiba la transformación de la agresión en matanza. Y esta carencia le obligó a crear dioses justicieros, suplicios del infierno, leyes jurídicas y reglas morales que, sin embargo, son obstáculos débiles para eliminar la violencia.

Si el ser humano encontrara su vocación, disminuirían sus quejas sobre el destino; pero, quizás, no eliminaría la insatisfacción de sí mismo, ya que es la condición ineludible para hacer su trabajo lo mejor posible.

La democracia venció al totalitarismo: la ecléctica del desprecio sustituyó al antagonismo del odio.

Apenas el mono se transformó en hombre, inventó el hacha de piedra para cazar animales y sin pensarlo mucho también lo utilizó para matar a sus congéneres.

Algunos se dan cuenta contra quién luchan, aunque no tienen la menor idea en aras de qué se someten al peligro. Otros, al contrario, saben bien la razón de su lucha, pero no tienen la visión clara de quiénes son sus enemigos.

El reconocimiento otorgado sin suficientes méritos, nos hace sentir importantes, pero no elimina la zozobra de encontrarnos en la misma situación de rey desnudo del famoso cuento de Juan Christian Andersen.

Puedo entender muchas anomalías en la vida, pero cómo los diabólicos pueden ser estúpidos supera mi imaginación.

El *homo* es un ser que adora los misterios, y el más trivial de todos es esconder que no merece llevar el adjetivo *sapiens*.

Al cínico le es imposible engañarse a sí mismo. Como consecuencia de esta "sinceridad" considera a los demás como miopes, incapaces de elevarse a la visión de su propia nulidad, la cual le otorga la posibilidad de sentirse superior a ellos.

La historia conoce algunos ejemplos cuando los infortunios revelaron positivamente las capacidades ocultas de los genios. ¿Quién recordaría hoy el nombre de Maquiavelo, si no hubiera sido enviado al exilio y si las intrigas y calumnias de sus enemigos no hubieran prolongado su destitución?

Toda su vida el hombre aspira a ser alguien, y cuando alcanza un máximo posible y ya no hay rival con quién competir, busca el reconocimiento en la posteridad y la *inmortalidad* en el panteón de los hombres ilustres.

Para Camus, el suicidio es la huida de la vida, la falta de firmeza para actuar contra toda esperanza de éxito, el reconocimiento de que la existencia es un absurdo. Para Cioran, el suicidio no es una huida pusilánime de lo absurdo ni un simple rechazo al sufrimiento sino un desafío lanzado a la muerte, una bravata despectiva contra ella. Entre la obsesión por el suicidio y la idea de la muerte no hay nada en común: la muerte no se percibe como liberación, en tanto que el suicidio es siempre *paroxismo de salvación*.

No sólo necesitamos de los demás, también necesitamos que nos necesiten, y este reconocimiento eleva la dignidad de nuestra persona.

Toda la gama de posibles relaciones entre los seres humanos se despliega en: el hombre es lobo para el hombre, y el hombre es Dios para el hombre. Y en el centro se pudiera colocar: el hombre es cerdo para sus congéneres.

Soy lo que soy, lo cual no es garantía de que llegaré a ser lo que soy capaz de ser.

El hombre está destinado a sufrir porque casi siempre aspira a poseer más de lo que tiene, más de lo que es capaz de usar y más de lo que merece.

Cuando la opinión pública reconoce los méritos de una persona algo debe susurrar en sus adentros: ¡a trabajar para estar a la altura de lo alcanzado! Quizá por eso en el reconocimiento hay cierto sentimiento de perplejidad: el hombre destacado se avergonzaría si descendiera de las expectativas ya establecidas de sus méritos y capacidades.

La respuesta a la pregunta: ¿quién es este hombre?, en muchos aspectos depende de su *vocación* y también de dónde y cómo pretende obtener su *reconocimiento.*

¿Qué desgracia es comparable con el sufrimiento de quien ha perdido su poder o su fortuna? La amarga desesperación, la sensación de verse degradado, el vacío existencial... La fama y la riqueza parecieron convertirlo en *superhombre.* Pero el *superhombre,* descendido al nivel de un ser común y corriente, se percibe como *infrahombre.*

El niño curioso que fastidia a sus padres con su ¿por qué? interminable, no obstante, no les interroga: ¿por qué esto en lugar de lo otro? Cuando llegue a esta pregunta, dejará de ser niño y se convertirá en un joven rebelde lleno de ilusiones de transformar el mundo.

Al desempeñar diferentes roles, no sólo demostramos las cualidades que se exigen en cada "escenario" de la vida, sino, además, escondemos nuestras características personales por pudor, discreción o deseo de ocultar nuestra mediocridad.

Nuestra esencia antropológica sería otra, si no nos desagradara aquel que está por encima o por debajo de nuestras capacidades.

El hombre prefiere ser desaprobado y no ignorado en su existencia miserable; pero los escarnios y las mofas de quienes considera como inferiores le provoca una indignación más amarga que la indiferencia de los que piensa superiores. Se escandaliza ante el escenario de carecer de cualquier significación y, lo que es peor, de ser humillado por los que desprecia.

Sólo las almas fuertes rechazan recurrir al milagro y soportan estoicamente los golpes del destino sin arrodillarse ante lo autoritario, lo secreto y lo incomprensible.

El creyente que ha pecado puede estar convencido de haber sido perdonado por Dios y sin embargo, no experimentar pleno alivio, no porque le falte fe en la misericordia divina, sino porque no logra borrar de su memoria la pesadumbre de la culpa, y la añoranza por el pasado (cuando su alma era inocente) le parece superior a la misericordia del mismo Señor.

En el alma de cada pedante duerme un santo fracasado.

El deseo del vengador de presentarse como un paladín de la justicia, quizá, se revela con mayor fuerza en sus sueños nocturnos, cuando el ofendido "asesta" a su ofensor decenas de "heridas virtuales". Se puede suponer que sin el apoyo de este discurso inconsciente, radicado en la profundidad de nuestra psique, el humanismo hubiera sido poco eficaz.

Pienso, luego arrastro una existencia lamentable por el bajo coeficiente de originalidad de mi pensar.

El trabajo monótono no impide pensar sobre problemas espirituales: se puede lavar la ropa y reflexionar sobre la vida en el más allá.

Si piensas que no tienes nada, recuerda que te tienes a ti mismo y con eso obtienes lo necesario para seguir existiendo.

La mayoría quisiera vivir como la minoría, pero ésta considera que no lo merece por su incapacidad de convertir el dinero en capital; por carecer de sólidas cuentas bancarias..., o por tener una conciencia demasiada ingenua.

Algunos no puede encontrar el gran amor, otros su vocación, y yo no soy capaz de comprender para qué me arrojaron a este mundo.

¡Atrévete a ser lo que eres! Pero ¿cómo puedes ser tu mismo, si ni siquiera sabe quién eres? Quizá mejor que nadie esta antinomia la expresó el místico alemán Angelus Silesius en su lema: "No sé lo que soy, porque no soy lo que sé". De este tesis se puede deducir: el hombre es un ser inacabado, ya que en ningún momento es todo lo que ha de ser.

Cada ser humano tiene cierta predisposición a la sorpresa, porque las cosas no son como parecen.

Todo el mundo suele decir de un cobarde que es cobarde, de un presumido que es presumido... pero en su ausencia; casi nadie se atreve a decírselo de frente. Quizá el acto más atrevido que somos capaces de hacer en presencia del otro es callar. Se nos dirán: ¡vaya, qué mérito! Pero imaginemos lo que sucedería, si a todos les dijéramos lo que pensamos. Un mundo que no tolere cierta dosis de mentira se convertiría en muchedumbre de *fanáticos de la verdad*, dispuestos a fustigarse unos a otros con el "látigo" de la implacable sinceridad al menor pretexto.

Su vida era impecable: fue concebido en un matrimonio amoroso e hizo una carrera brillante: de una célula fecundada hasta el cadáver enterrado en el panteón de los hombres ilustres.

La muchedumbre no conoce la misericordia y por eso es indiferente a los mendigos, minusválidos y ancianos; es algo parecida al cuerpo que no siente el dolor después de ingerir un analgésico. A la muchedumbre nada le atrae, y si alguien la abandona no le pide regresar; transfigura todo lo extraordinario en algo banal; siempre anda de prisa, siempre preocupada, y lo único que produce es basura.

Para el obsesionado por el suicidio, la idea de la muerte siempre está al alcance de su mano, siempre abundan suficientes razones, pero le falta el indomable impulso de la desesperación.

Para algunos la vida es un deber, para otros una alta misión. Y sin embargo, nadie puede aliviar el destino de la mayoría que arrastra su existencia al borde de la sobrevivencia.

Si hay que dar a cada cual según sus méritos, las manos del dador le van a doler por las bofetadas y sus piernas por las patadas.

Mientras el hombre no escriba nada, nadie le conoce. Pero cuando publica su libro se convierte en un literato cuya preocupación principal es que la gente lea su texto. Como dijo un personaje de Dostoievski: la sola idea que alguien va a sumergirse en mis emociones y pensamientos me enloquece.

Un día ya no estaremos y sin embargo, hoy por hoy nos importa quiénes somos; incluso tratamos de acrecentar la razón de nuestro ser, sabiendo que después de un tiempo de nuestra muerte, muchos nos olvidarán y continuarán viviendo como si jamás hubiéramos coexistido con ellos.

Ser o no ser: es una duda que debemos dejar irresuelta hasta que no elaboremos una razón suficiente para optar por una o por otra. Y aun habiendo una "razón suficiente", no es fácil exacerbar el odio contra nosotros mismos hasta el grado de pensar en suicidarnos sin vacilación.

Estamos destinados a la queja, porque no soportamos la diferencia entre lo que hicimos y lo que hubiéramos podido hacer.

Dicen que en la política no existen virtudes sino intereses, pero ningún político puede prescindir de la máscara de la virtud para esconder sus ambiciones secretas.

Conócete a ti mismo y deja de acusar al prójimo de tus propias deficiencias.

La elección de una ruta existencial disminuye la sensación de embriaguez difusa que teníamos ante el abanico de diferentes opciones. La decisión escogida está preñada de alegría y, a la vez, de cierta tristeza por sacrificar las otras posibilidades.

Nunca podremos ser otro, y esto constituye una razón suficiente para familiarizarnos con nosotros mismos. ¡Y que Dios nos ayude a soportarnos!

A la minoría le gusta nuestros éxitos y a la mayoría nuestros fracasos. Así que se puede agradar a todos.

La autoridad inflada de nuestros contemporáneos, quizá, la despreciaríamos, si supiéramos que el futuro destronará sus infundadas pretensiones. Desafortunadamente, nadie posee un olfato infalible de los méritos de los candidatos a clásicos, y sólo el tiempo, frecuentemente tras la muerte, descubre el significado y la grandeza de sus logros.

Hasta tal grado estamos acostumbrados a convivir con nosotros mismos que ya no podemos ver lo que realmente somos.

A pesar de que somos comunes y corrientes, queremos que nos recuerden *post mortem*, por lo menos, como modestos y no como insignificantes.

Entre la igualdad del "arranque" de la vida y la de su ocaso, se extiende el tiempo de una ardua lucha por conquistar el reconocimiento, fuente de toda desigualdad.

Soy libre porque puedo o no hacer tal o cual cosa. Pero mi "yo", dado con mi nacimiento, *me impide ser distinto de lo que soy.*

Si nuestras posibilidades coincidieran con nuestros deseos, y no temiéramos por las consecuencias negativas de sus realizaciones, ¿quién rechazaría expresar el desprecio a sus superiores despóticos? Esto significa que se puede pisotear nuestra dignidad, pero es difícil eliminarla, pues anida en la profundidad de nuestro ser.

Si alguien dice que no necesita nada, hay que preguntarle: ¿tienes todo en orden?

El azar no convierte la ignorancia en sabiduría, pero es capaz de otorgarle al ignorante una dicha gratuita o de humillar la inteligencia de un sabio.

En las bibliotecas, las obras de los clásicos se guardan junto con muchos textos a cuyos autores el tiempo les impuso su veredicto: *mártires de la mediocridad.*

Según la esencia de su trabajo, muchos burócratas son descendientes del *Sísifo,* aunque ellos mismos estén convencidos que su genealogía se remonta a los *Atlantes.*

Prívale al hombre de la costumbre quejarse y se convertirá en un desdichado por la imposibilidad de liberarse de su complejo de inferioridad.

Aunque el hombre apareció imperceptiblemente en el mundo, su permanencia está marcada con mucho ruido. Para aliviar el destino lamentable del *homo neurótico*, quizá, pronto van a comercializar el silencio tanto al menudeo como al mayoreo.

El código penal, producto de la civilización, es el mejor indicador de que el ser humano es un bastardo de la evolución.

Si a la existencia no le precediera la esencia, el hombre perdería no sólo su libertad, sino también la capacidad de convertir su vida en aventura.

Desde el punto de vista de los estoicos, el sabio tiene ventaja ante los dioses: puede extraer satisfacción de su desprecio a quienes están preocupados por el ajetreo de lo absurdo; mientras que los dioses no necesitan nada y, siendo indiferentes, no pueden despreciar la riqueza y el poder (que tientan a los mortales) y mucho menos enorgullecerse con su desdén.

En este mundo siempre hay pretextos para agradecer la suerte de haber nacido como ser humano y no como cucaracha. Pero si la cucaracha hubiera tenido la conciencia de su propia singularidad, el agradecimiento, quizá, no tendría mucho sentido.

Qué es el capricho sino una libertad necia que no se atreve a supeditarse ante aquello que la sobrepasa.

Los santos deben tener una paciencia angelical y, para elaborarla, necesitan una diabólica fuerza de la voluntad.

Si no existiera el desprecio ¿cómo podríamos soportar la petulancia de nuestros contrincantes vanidosos? Y ¿cómo ellos, a su vez, tolerarían nuestro desmesurado amor propio?

Qué es la vergüenza sino la añoranza por carecer de una máscara; la aversión de vernos tal como somos.

El hombre posmoderno debe estar alerta contra la amenaza latente de la tendencia a la gordura, la aparición prematura de arrugas, la indigestión, la impotencia, en pocas palabras, nunca debe olvidar el ideal terapéutico y eudemónico de su cuerpo, pues, estar en buena forma significa estar a la altura de las exigencias de nuestro tiempo y descuidarse es sinónimo de perdición. La mentalidad publicitaria perdona tu bajo nivel educativo, tu ignorancia y hasta tu negligencia moral, pero te estigmatiza como alguien extemporáneo o retrazado, si muestras indiferencia a tu cuerpo.

Se puede suponer que Dios creó al ser humano a su imagen y semejanza, pero, quizá, ¿trabajando al estilo surrealista?

Con la aparición de cada ser humano el mundo nace y con su muerte se acaba. Si no existiera esta ilusión a nadie se le consideraría insustituible.

Casi cada ser humano quisiera dar menos y recibir más: el criminal aspira evitar ser castigado, el mediocre anhela ser destacado, el perezoso abriga esperanza de vivir despreocupado, el empresario trata de invertir menos dinero y obtener más ganancias y el creyente sueña ser santo sin dejar de pecar.

Ser fiel a ti mismo exige ingentes esfuerzos, y eso es bueno y malo: por una parte, nadie te acusará de ser camaleón, pero por otra, existe riesgo de convertirte en Narciso.

Encontrar un nicho en la jerarquía de la pirámide del poder no es tan difícil, es más complicado reconciliarse con la idea que nuestras capacidades correspondan al lugar alcanzado.

Si la evolución nos hizo plagados de defectos, quizás, es porque la misma evolución, guiada por la selección natural, gastó enormes esfuerzos y a pesar de todos los contratiempos, logró crear algo real de lo casi imposible: un *homo pensante*.

Existen individuos que, al escuchar lo que en realidad son, reaccionan diferente: unos desdeñan la verdad, y otros, se desprecian a sí mismos.

Todos quienes nacen mueren. Pero los muertos son sólo unos cuantos en comparación con la infinitud de los no nacidos.

La razón nos da "razones" no solo para corregir, sino para esconder nuestros errores.

Si la Iglesia es la *administración de lo sagrado* entre sus adeptos apoyada en las promesas de inmortalidad en el más allá, el Estado es la regularización de la convivencia humana a través de las amenazas de coerción en el más acá.

Se puso viejo, pero sus esperanzas –ser rico y famoso- no perdieron su lozanía.

Para estar satisfecho no es suficiente encontrar un buen lugar bajo el sol: hace falta eclipsar el brillo de nuestros contrincantes.

Amamos a la patria porque odiamos a sus antagonistas. Amar a la humanidad, que no tiene rivales, es imposible. Si hubieran existido los extraterrestres malvados, la humanidad hubiera podido encontrar la razón para amarse a sí misma.

DE LA ILUSIÓN AL DESENCANTO

Si para el estudiante pasar un examen puede ser un trauma, para el profesor, en algunos casos, revisarlo le hace perder la fe en el futuro de la humanidad.

Ser partícipe de un gran secreto nos halaga y nos tienta a insinuarle a los demás que poseemos un misterio, y la envidia mezclada con la curiosidad que se refleja en sus miradas, nos halaga aún más.

Bajo el creciente bombardeo de información, un texto publicado es como una botella arrojada al mar: tiene poca probabilidad de ser encontrado, menos de ser leído y todavía menos de ser tomado en consideración.

No existe mayor sofista en el mundo que el amor propio herido, "maestro" en el manejo del "hubiera" para justificar sus fracasos.

"El mismo nombre de filosofía provoca demasiado odio", dijo Séneca. Han pasado dos mil años, y la situación no ha cambiado sustancialmente. ¿Por qué nadie quiere a la filosofía? Quizá porque el *amor a la sabiduría* no cura, sino pone sal en las heridas anímicas.

Si no nos afligiéramos por la vergüenza o por la culpa, seríamos adeptos de la filosofía de Pangloss (el personaje humorístico de Voltaire) quien profesaba: *todo lo que sucede, es lo mejor que hubiera podido pasar.* Este lema es un principio del destino vulgar: no te subleves, no te rebeles ni siquiera en tu imaginación, porque lo más razonable es reconciliarte con lo inevitable, ya que lo acontecido es lo mejor que hubiera podido suceder, aunque estés en el patíbulo y en unos minutos pronto el verdugo pondrá la ahorca en tu cuello.

A veces la memoria actúa como una viuda sentimental que recuerda las cualidades imaginarias de su difunto marido y que olvidó las lágrimas amargas derramadas por su culpa.

La decepción nos hace sufrir y al mismo tiempo nos hace pensar que por fin estamos libres de falsas ilusiones y que podremos mirar al mundo con los ojos deshechizados templados por el desprecio a la vida ajetreada.

En sus orígenes la filosofía era la reina de las ciencias, luego se convirtió en sirvienta de la teología, después asumió el rol de ideología o fue reducida a la crítica de enunciados metafísicos. Cada vez queda claro que la filosofía no puede servir como un método fidedigno del conocimiento de la realidad y tampoco puede ser instrumento de su transformación. Al parafrasear a Marx, se puede decir que si la filosofía anterior trataba de explicar y/o transformar la realidad, su tarea actual consiste en invitar a reflexionar sobre los mundos virtuales.

El absurdo es hijo del matrimonio entre el misterio pretencioso y la nada vulgar.

Algunos sobrevaloran las posibilidades de sus proyectos: gastan sus esfuerzos en colocar los "fundamentos" y no tienen suficientes recursos para construir las "paredes" y menos aún, para terminar "todo el conjunto".

El presente nunca será lo que alguna vez fue, ya que cada instante es irrepetible. Y el pasado nunca dejará de ser una lección para enseñar al presente lo qué hubiera podido pasar, si el evento hubiera acontecido de otra manera.

Mi percepción es más "realista" que mi pensamiento, por eso la idea de mil pesos no me hace más rico, mientras que mi percepción no la confirme en mi bolsillo.

Tratar de juzgar a un famoso escritor por los protagonistas de sus obras o a un destacado actor por los personajes que interpreta, es como intentar representar un cocodrilo a partir de una bolsa hecha de su piel.

La propiedad privada pudiera llegar a su fin, si la mirada al objeto anhelado nos diera la misma satisfacción que su posesión.

Lo mejor que puede hacer nuestra experiencia, es mostrarnos el límite de las posibilidades de nuestras capacidades.

No es una desgracia que el tonto finja ser inteligente. Pero es un oprobio que el estúpido ocupe el lugar del inteligente y lo obligue fingir que es tonto.

La superstición, según Voltaire, es la *razón de los tontos* que es difícil de eliminar con argumentos lógicos; y sin embargo, la superstición no desaparece, porque es una *herramienta mágica* para "protegernos" contra las peripecias del azar.

Soñamos algo extraordinario y pensamos que es necesario contárselo a nuestra madre. Luego despertamos y recordamos que murió hace muchos años.

Hay un tipo de memoria que trata de reducir todo a la narración y transmitirlo a los otros. Pero hay otra memoria, inducida por las fotografías, los encuentros repentinos o los sueños, que nos cae encima y nos hace sentimentales.

A veces guardamos silencio porque no hay nada que decir, salvo la verdad que, al pronunciarla enmudecería a nuestro interlocutor.

Al error lo justifica no tanto la ignorancia sino la dificultad de superar lo desconocido.

La influencia del miedo en la conducta humana es doble: por una parte, debilita las pasiones agresivas y reprime las tentaciones; y por otra, es un afecto irracional que nos hace aprensivos, recelosos y cerrados para los argumentos de la razón.

A veces el error radica en la convicción de que mostrar algo implica demostrarlo.

Cuando una gran idea empieza a morir, alrededor de su "cuerpo decrépito" se reúnen sus seguidores de antaño y alientan su ánimo en el pluscuamperfecto.

Los utópicos han querido convertir a todos los seres humanos en hermanos, olvidando que algunos se llaman Caines y otros Abeles.

Para no ser tachado de trivial, conviene pronunciar las frases banales, salidas de lo profundo del corazón, en ligero estado de ebriedad.

Cualquier tribunal del mundo podría enjuiciar a la memoria por ocultamiento. Y sin embargo, la memoria, por insegura que sea, es un pilar de la justicia, ya que cualquier testimonio se basa en ella.

La duda preserva la razón del ofuscamiento de las pasiones y es por eso que ningún tirano, dogmático o maniático quisiera, aunque temporalmente, suspender sus juicios y escuchar su voz sensata. Pero elevando la duda en un fin en sí, el escéptico desprecia las ilusiones, a pesar de que, según Cioran, "todavía conserva una: la ilusión tenaz, indesarraigable, de creer que no posee ninguna".

La verdad más íntima sobre un ser humano se esconde en la profundidad de su inconsciente, en un lugar oscuro al que ni él mismo tiene acceso.

La impasibilidad, como arte de poner las bridas en emociones, hace latir frenéticamente a millones de corazones de los espectadores del cine cuando su actor preferido en el último instante evade un golpe mortal o liquida a su pérfido enemigo.

El sentido común no puede servir como criterio de la verdad, sin embargo, es capaz de revelar la estupidez.

La vivencia del riesgo mortal produce una sensación de conciencia vibrante: cuando más desesperadamente imagines tu fin, más vivo estás.

El gran dolor nos convierte en solipsistas: diluye la realidad en sufrimientos insoportables que nos parecen los únicos que existen, y sólo en intervalos de calma las sensaciones comunes se convierten en deleites extraordinarios.

Las palabras "casi" y "apenas" figuran en la explicación de la mayoría de los fracasos. El *casi* pasó muy cerca del objetivo y *apenas* no le dio al blanco. Este pequeño grosor entre el deseo y el resultado, junto con "hubiera podido", suaviza la derrota y convierte el sabor amargo del fracaso en una agridulce frustración.

El sentido común puede prevenir el absurdo, pero es incapaz de colocar un obstáculo en el camino de la banalidad.

La costumbre influye en cómo se construye el día, la semana, el mes y, finalmente, la vida, hasta que aparece la duda: ¿para qué? Y ésta pregunta puede iniciar una metamorfosis interna o definitivamente reconciliarnos con las rutinas de la existencia.

La respuesta correcta del adulto a la pregunta de un niño puede parecer absurda, si se toma en consideración el nivel del desarrollo del pensamiento del niño.

Si afirmas que todos son canallas, significa que tú también lo eres. Si estás de acuerdo con este juicio quiere decir que eres cínico y, si no, entonces no sabes razonar y mereces ser llamado tonto.

No todos pueden soportar la "dulzura" del elogio sin convertirse en cautivos del autoengaño.

Cuando veo en la pantalla del televisor cómo los políticos se abrazan, involuntariamente recuerdo la frase: "de una palmada en la espalda a una patada en el trasero, la distancia es muy corta".

A veces empiezas a pensar y te abarca el miedo de seguir pensando por no perder la ilusión de que todavía existe algo sagrado en este mundo.

Tan pronto como la filosofía dejó de explicar el mundo y comenzó a cambiarlo, el arma de la crítica se transformó en la crítica del arma, y la misma filosofía se convirtió en dogma que sacralizaba el derecho del poder despótico a poseer la verdad en última instancia.

Al leer los "mensajes" groseros y obscenos escritos sobre la pared, involuntariamente sientes la añoranza por el analfabetismo.

Los pensamientos trillados son aburridos, pero vivaces como gatos: si los arrojas por la puerta, entrarán por la ventana.

Hay quien está dispuesto a pensar por los otros, y también hay quien se inclina a obligar a otros a pensar por él.

Al territorio de la paradoja de la posesión del absurdo, les separa una frontera delgada del instinto de la verdad.

Todas las ilusiones, por definición, son bellas. Sin este adjetivo se rebajarían a fraudes vulgares.

Así como *Dios*, en la opinión de los creyentes, tanto la *libido* de Freud y la *cosa-en-sí* de Kant, en opinión de los respectivos adeptos, "existen", pero es imposible saber qué y cómo son.

La verdad del cínico es de este mundo, pero su mundo está en el cementerio.

La fantasía es la única "mentira" que enriquece la realidad y no humilla la verdad.

El socialismo fue un camino hacia el futuro radiante que condujo a sus constructores a un callejón sin salida, pero les consuela que la historia los transformó en *pioneros del fracaso*: demostraron en carne propia la utopía de ese "noble régimen".

Hay libros que al abrirlos es difícil cerrarlos; pero hay más libros que al cerrarlos te resistes para volverlos a abrir.

La ausencia de osadía de demostrar la falsedad de los dogmas, frecuentemente es la "razón suficiente" para convertirlos en "verdades sagradas".

Si alguien dice que quisiera simplemente vivir, significa que está harto de hacer lo que está haciendo.

La razón no es capaz de comprender lo incomprensible, pero sí de entender que es imposible comprenderlo.

Encontrar el sentido del sinsentido es la cima del arte hermenéutico.

La costumbre de ver la esencia detrás de la apariencia, a veces, nos conduce a "descubrir" lo que no existe.

Las cosas que superan nuestra facultad de comprender tienden a exceder nuestra capacidad de tolerarlas.

La promesa nos hace generosos ante el necesitado, y la búsqueda de razones plausibles para justificar su incumplimiento, "afina" nuestra imaginación.

De lo que considere un pago "justo" réstele su salario, y comprenderá el grado de su insatisfacción.

Las hojas tiradas al cesto son testigos de la lucha del autor contra la trivialidad de su imaginación.

La estupidez puede llevarnos a un estado tal, que ningún esfuerzo de nuestro intelecto puede ayudarnos a salir del atolladero.

Como guía de la historia, la idea de un futuro radiante la lleva por los laberintos del tiempo y, a veces, se atasca en un callejón sin salida.

Lo que antaño se llamaba "intrigas del diablo", hoy se denomina "efectos colaterales negativos".

Antes de las películas de terror, la lectura del Viejo Testamento cumplía la misma función catártica.

Lo banal es lo esperado, demasiado esperado, que quisiéramos mandar al diablo, pero entendemos que sin lo evidente, la vida también correría el riesgo de caer en el infierno.

Se podría suponer que ¿la aspiración al privilegio es una pretensión fútil de compensar la falta de originalidad?

No tema reflexionar, de esto nadie se muere. Quizá puede dolerle la cabeza, pero es por falta de uso.

El hombre es un ser carente y por eso los ideales, como compensación lírica de su descontento con la realidad, nunca desaparecerán.

La sinceridad es una forma radical de anunciar la verdad. Normalmente aparece en una "situación límite": en la desesperación, durante un escándalo, en las carcajadas o en estado de embriaguez.

En cualquier idea sobre lo absoluto se esconde una dosis de lo absurdo.

El olvido es la tumba de las imágenes de las personas entrañables desaparecidas en la neblina del pasado. Ingenuamente habíamos pensado que persistirían por siempre, pero el tiempo borró sus huellas. Y ahora nos parece que existieron en algún sueño remoto y borroso.

A veces la memoria transforma la figura del pasado de tal forma que la convierte en una momia siniestra o en un icono sagrado.

El principio de todos los principios de la razón suficiente reza: *existe el ser y no la nada*. Y sólo el suicida pone en tela de juicio este fundamento ontológico de la verdad.

Si el hombre se hubiera liberado de todas sus ilusiones para ver la realidad tal como es, quizá, no podría soportarla y se morirá de asco.

Es chistoso cuando dicen que "una montaña parió a un ratón", pero es todavía más risible cuando un ratón se proclama elefante.

Si pensáramos que la idea que estamos pensando nadie la ha pensado, seríamos arrogantes por ignorancia y si pensáramos que ya no hay nada nuevo qué pensar, seríamos rehenes de la veneración ciega ante la sabiduría del pasado.

Cuando desde la altura de un avión observamos un poblado pintoresco, la armonía del paisaje idílico nos obliga a olvidar los posibles problemas que se ocultan detrás de este cuadro. Encantados por la belleza del lugar, nos resistimos a admitir que también ahí viven hombres y mujeres agobiados por sus preocupaciones cotidianas y que no tienen tiempo suficiente para gozar la belleza de los paisajes arcádicos.

Si el hombre estuviera contento de sí, no necesitaría usar los verbos en pluscuamperfecto, no experimentaría lástima, no se arrepentiría ni soñaría; en otras palabras, viviría en la bienaventuranza del idiotismo angelical de Adán y Eva.

La monotonía del presente es una "eternidad" confeccionada según imagen y semejanza del hombre aburrido.

Quien, siendo viejo, dice que la vida vale la pena de ser vivida, nunca encontrará suficientes razones para confirmar lo dicho sin recurrir al sofismo.

Todas las utopías sobre la posibilidad de construir un futuro radiante fracasaron, porque lo inhumano está instalado en lo humano, y no hay modo de erradicar lo uno sin eliminar lo otro.

Pienso, luego existo, y si no pienso, es que ando de parranda simplemente viviendo desafiando los efectos de la cruda.

La propaganda electoral embriaga, los proyectos gubernamentales marean y en los resultados sentimos la cruda.

El sospechoso se inclina a buscar una variedad de sentidos ocultos ahí donde todo sucede por azar o es evidente por sí mismo.

Bienaventurado es aquel que, al ganar el salario mínimo, declara su amor a la vida.

Vaivenes del destino: el fervor de alcanzar una meta presuntuosa se transformó en una esperanza tímida de extinguirse en la calma de la decrepitud.

A veces el silencio insolente hiere más que las palabras sacrílegas, ya que ni siquiera reconoce la existencia de quien finge que no le observa.

Si al perder todas las ilusiones, el desilusionado no se suicida, entonces la existencia es su último espejismo.

El cuerpo del escéptico rechaza todos los subterfugios del espíritu para superar la idea de su propio cadáver.

Todas las aventuras de Don Quijote se basaban en la adscripción de algún sentido imaginario a las situaciones reales, pero las consecuencias de esta redefinición ficticia de los hechos se expresaban en el dolor de sus costillas.

La exigencia de que los demás respeten nuestra dignidad, por extraño que parezca, puede coexistir con un secreto desprecio hacia nosotros mismos.

En la "hermenéutica de la sospecha" cualquier gesto o palabra es un signo, y su interpretación transforma la sospecha en calumnia.

"Pruébalo, no tienes nada que perder" es un argumento que parece contundente para inducirnos a tomar una decisión que, sin embargo, nos quita tiempo y provoca decepción.

La sinceridad es un huésped raro en este mundo. La gente toma alcohol para expresar lo que siente y piensa, e incluso, para otorgarle la "palabra" a su inconsciente.

El estado en el que nos parece que nunca desapareceremos surge ya sea por la abundancia de fuerzas o por la apatía en la que nos da lo mismo: vivir o morir.

La tentación de ser profundo engendra la Escila de la oscuridad, y de la exigencia de ser claro nace la Caribdis de la trivialidad: dos monstruos que han acompañado desde siempre el pensamiento humano.

La vida siempre acontece en el marco de alguna situación que sus agentes la define como típica. Por ejemplo, paseamos por la calle y de repente vemos una multitud que corre y grita. Al principio nos sentimos confundidos hasta que se define el sentido de la situación: hubo un asalto bancario, y el acontecimiento inmediatamente se aclara.

El sentido común no nos permite caer, pero tampoco nos deja volar.

"Las intrigas del diablo" y "lo implacable del destino" son dos sofismas predilectos en la "explicación" de nuestros equívocos y supersticiones.

El sistema educativo de hoy pretende producir intelecto con trabajo en serie; pero la sabiduría, como en la antigüedad, es obra artesanal.

Si en nuestros proyectos pudiéramos prever todos los resultados, nuestra previsión se igualaría a la providencia divina. Sin embargo, cuando Dios creó al primer hombre, no pudo prever la caída de su creatura predilecta y la transformó de un ser alegre y sereno en un presidiario de la esperanza preocupado por su existir.

De la unión del engaño con la hipocresía nace la semi-verdad, un delincuente más hábil y peligroso que sus progenitores.

En el alma de cada pedante duerme el miedo de ser perdedor.

Me siento muy emocionado, trato de expresarme y me cercioro que tengo pocos recursos verbales. Cuando me tranquilizo mi pensar se pone más fluido, pero mis emociones se desvanecen en la neblina del pasado y el intento de describirlas modifica el significado y las sutilezas de las vivencias en su contexto real.

Cuando las cosas de la lógica eclipsan la lógica de las cosas, el pedante no tarda en aparecer.

El hombre es un artificio del ser que es capaz de vivir sólo convirtiendo al ser en su artificio.

La mentira necesita de la verdad para engañar más eficazmente; la verdad requiere de la mentira para aliviar el impacto de un diagnóstico cruel.

Cuando experimentamos un dolor de muelas, ninguna fuerza es capaz de disuadirnos de que el sentido de la vida radica en la punzada de ese dolor.

El cínico es un maniático de lucidez impúdica, un apasionado de la desilusión cuyo ideal supremo es la "ataraxia de la nada".

El crítico verdadero es un "buey" que en aras de la verdad no se reverencia ante la autoridad de las "vacas sagradas".

En las disputas medievales, los teólogos se las ingeniaban para plantear preguntas como: ¿podría Dios inventar una piedra tan grande y pesada que Él mismo no sería capaz de levantar? Quizás este dilema no tenga ningún sentido para el ser divino, pero ante el ser humano dicha controversia surge frecuentemente. En una de sus máximas Epicteto constata: "Cuando inicias una empresa superior a tus fuerzas, lo malo no es que luego la abandones, sino que olvides las tareas que podrías ejecutar".

La realidad puede aplastar al sueño, pero el sueño no puede aniquilar la realidad. En el mejor de los casos, puede convertirla en algo *crudo* o *insípido*.

El pensador es un hombre común y corriente, pero a diferencia de los demás transforma la reflexión sobre la esencia de la vida en el sentido de *su* existencia.

Cada día nos miramos en el espejo sin darnos cuenta de que nuestra imagen poco a poco se acerca a nuestro futuro cadáver.

Al viejo dilema: existe o no el Ser Supremo le sustituyó la siguiente alternativa: la vivencia de la ausencia de Dios *versus* la ausencia de esa vivencia.

Un coctel explosivo, compuesto de carcajadas de Rabelais, sarcasmos de Swift, grotescos de Kafka e ironías de Gogol, es incapaz de aniquilar la injusticia, pero puede poner en tela de juicio la razón suficiente de su justificación.

La vida es tan corta que es imposible no temer que por nuestras tonterías podamos abreviarla todavía más.

No tanto los creadores, sino sus obras maestras nos hacen pensar que, quizá, Dios existe.

Herbert Chesterton alguna vez dijo: "Si el hombre escoge a sus amigos, a los vecinos los manda Dios". Y ¿quizás de ahí proviene tanta blasfemia?

La búsqueda del sentido de la vida siempre se topa con la muerte. Los que se detiene ante esa idea anuncian que el sentido de la vida es absurdo, y los que aspiran a superarla, la alcanzan por la fe en el más allá, lo cual es un absurdo que está por encima de todo absurdo.

Los diablos por definición son corruptos y, por tanto, en el infierno sus habitantes pueden obtener todo, incluso un *paraíso portátil*, por supuesto, después de pagar una buena mordida.

La arbitrariedad infringe la ley de la razón suficiente, por lo menos, la hace insuficiente, es decir, la hace incapaz de justificar el capricho, la perversión y el absurdo.

El buen jugador suele triunfar. Y si por casualidad perdiera, se sentiría como un ricachón que da limosna al pordiosero que logró ganar su benévola atención.

El hecho de que algunos ciudadanos no estén en la cárcel se explica por sus "méritos" o por anomalías en el sistema judicial.

Según Henri Bergson, la religión es una especie de compensación que desde las profundidades de lo vital protege al hombre contra las posibilidades nocivas de su inteligencia perturbadora. La filosofía, al contrario, a veces nos quita el último consuelo, nos revela implacablemente la tragedia de nuestro ser, nos descarrila del cuadro idílico ofreciéndonos crudas afirmaciones. Como advirtió John Dewey, no hay razón *a priori* para suponer que la verdad resulte, cuando se descubre, necesariamente placentera. O como dijo Octavio Paz: "El bálsamo que cicatriza la herida del tiempo se llama religión; el saber que nos lleva a convivir con nuestra herida se llama filosofía".

Nadie puede dejar de ser sí mismo, pero, sólo algunos pueden conocerse a sí mismos y de éstos unos cuantos son capaces de ser dueños de su persona. Sin embargo, no hay que olvidar que hasta ellos pueden convertirse en rehenes de alguna pasión y perder el control sobre su voluntad.

Las primeras desilusiones aparecen en la tarjeta de control escolar y las finales, en el último diagnóstico del médico tratante.

La paradoja está más acá de la incomprensión y más allá del sentido común.

En el inicio de su desarrollo intelectual, Marx contrapuso su doctrina del *obrero crucificado* a la religión de *Cristo crucificado*. Todo el mundo deberá creer en esta clase-paria como los cristianos creen en su Salvador. Encargado por la misma historia para realizar una misión profética, el proletariado posee cualidades excepcionales: al luchar por su propia emancipación libera a toda la humanidad. Pero, según el reconocimiento del mismo fundador del marxismo, la explotación capitalista mata al hombre en el proletario, no sólo le enajena de los resultados de su trabajo, sino también le simplifica sus necesidades, le convierte en un estómago". ¿Y cómo este "hombre-estómago" podría engendrar un mundo perfecto, encabezar la emancipación universal de la injusticia y la explotación? Marx exige de sus seguidores reconocer esta paradoja y elaborar una fe en la misión histórica del proletariado que corre el riesgo de deshumanizarse, si no se subleva contra su enemigo secular y no se convierte en el sepulturero de la burguesía.

Detrás de muchos acontecimientos inexplicables se esconde no sólo el capricho del azar, sino la estupidez.

¿Cuántas víctimas deben ser depositadas en el altar de una idea utópica antes que ésta pierda su sacralidad?

Soy esclavo de mi propia imagen. Quizá, pudiera ser más objetivo, si me viera con los ojos ajenos. Y si esto fuera posible, no podría ocultar mi sorpresa: ¿en realidad, soy así?

La vida es una cosa extraña: apenas empiezas a reflexionar sobre su sentido y... sucede algo imprevisible: te llaman por teléfono, se descompone el refrigerador o el vecino le sube el volumen a su televisor.

Se ensimismó y se perdió en el "bosque" de sus pensamientos confusos.

Ante el fin inevitable, la conciencia del hombre se alarma y de un salto llega a los eternos cuestionamientos sobre el sentido de la vida. Si la muerte está cerca, muy cerca, entonces: ¿qué razones me obligan a irme por el camino de mi destino, de la cuna hasta la tumba, compitiendo con mis próximos por el reconocimiento, la riqueza y el poder o, simplemente, con el sudor en la frente ganar el pan de cada día?

¿Qué sucedería si el hombre cotidianamente tuviera que enfrentar momentos decisivos, arriesgando su vida y su fortuna? Moriría de infarto o el riesgo se convertiría en rutina.

La maestría del buen vivir consiste no sólo en saber superar los obstáculos, sino en divertirse con ellos: convertir la vida en aventura.

Entre "yo quiero" y "yo debo" se encuentra "yo puedo" sin el cual el querer se degenera en sueño vacío, y el deber en demagogia.

Quien no puede satisfacer sus deseos, debe estar contento que aún los tiene.

No existen errores que no pudiéramos cometer, pero sí hay aquellos que no podemos enmendar.

Qué es la sospecha sino el *escepticismo paranoico* que convierte la duda en una hipótesis siniestra.

Es imposible amar al prójimo como a sí mismo, pero se puede despreciar a sí mismo al igual que al próximo.

Si la duda pone en tela de juicio la supuesta veracidad, la ironía enseña cómo convivir con el otro sin humillarse ante la injusticia.

La filosofía contemporánea no resuelve problemas, en cambio, puede aducir una docena de respuestas viejas u ofrecer otras tantas nuevas preguntas.

La ironía es inherente a la vida humana, ya que es imposible eliminar el desengaño que surge por la discordia entre el objetivo esperanzador y el resultado deplorable.

Uno tiene casi todo, y este "casi" hace insaciable el deseo para obtener todo.

El capricho como libertad frívola, está preñada de una sed de milagro: quisiera eliminar la aburrida necesidad y hacer que dos por dos sea cinco.

Obtenemos una amarga lección de nuestros equívocos a costa de "vivificar el cadáver" de lo acontecido en el "hubiera podido".

Ya que la historia es poco predecible, al pobre hombre no le queda otra opción que "corregir" sus errores *post factum*.

Si no me ordenaras qué tengo que hacer, tampoco te diría adónde tendrás que irte.

La sorpresa es una emoción demasiado impactante para el análisis reflexivo; es una expresión del goce que suspende nuestro pensar, alentándonos a recurrir otra vez al texto para convertir el asombro en meditación.

Entre diferentes formas de lo absurdo la más risible es cumplir con ahínco y eficacia un trabajo inútil y considerarse una persona importante.

En el más allá de la razón se encuentra todo: desde los enigmas más profundos hasta el absurdo más estúpido.

En la vida prosaica y aburrida solemos sentir un déficit de aventura, y, quizá, por eso con tanto fervor elevamos al rango de tragedia los escándalos fútiles y banales.

Cuando un niño deja de lado la fantasía y empieza a mentir, entra en la fase inicial de desarrollo intelectual del adulto.

Los soñadores empedernidos viven en mundos virtuales. Así que, para ellos, la misma realidad es sólo una posibilidad, aunque demasiada prosaica.

En su vida cotidiana, Schopenhauer odiaba la anarquía y adoraba el orden, pero en su metafísica consideraba que en la base del mundo yace una voluntad caótica y caprichosa, que no se somete a ninguna razón.

El azar puede explicar lo sucedido e, incluso, justificar el absurdo de lo acontecido.

La comprensión del sentido verdadero de los hechos, frecuentemente, sucede cuando empezamos a manipular el pasado en el pluscuamperfecto.

En los crepúsculos de la sospecha, el murciélago de la calumnia empieza a volar en busca de su presa.

Casi en cada irónico duerme un romántico fracasado, y en cada cínico ronca un dogmático decepcionado.

Cada ser humano tiene un jardín de sueños que el tiempo transforma en un cementerio de las ilusiones marchitas.

Quien está contento de lo que hace, rara vez está satisfecho de lo que tiene.

Los milagros suelen suceder en el más allá, en el más acá sólo acontecen los trucos.

El método de escribir de algunos "investigadores" es muy "lapidario": usan unas cuantas frases engendradas por su corto intelecto y las vinculan a extensas citas.

La vida se mide por la *cantidad* de años, pero cada año tiene su *calidad* de vida.

Para las personas públicas todos aquellos con quienes se encuentran, mientras desempeñan sus funciones, son identificados como *ciudadanos* o *clientes*. En tales circunstancias el burócrata no me preocupa mucho, así como él tampoco se preocupa de mi, salvo en relación con nuestros roles sociales. No lo juzgo como un *tú*, sino como un *él*, y recíprocamente. ¿Qué sucedería si todo *él* se convirtiera para mí en todo *tú*? Es imposible imaginar todas las consecuencias de esta *fraternidad*. Cada desdicha de un *él*, yo la experimentaría como una pérdida personal. ¿Qué cantidad de compasión debería disponer?

Si el milagro no estuviera oculto por el misterio, hubiera perdido su enigma y se hubiera convertido en un absurdo.

La nostalgia es una hija desobediente de la irreversibilidad del tiempo. En la medida en que disminuye el asombro del futuro, crece la simpatía a las ilusiones perdidas.

La paradoja se subleva contra las "evidencias trilladas" del sentido común y está obsesionada por la manía de lo inesperado.

Es dudoso que un profesor principiante sea capaz de instruir bien a sus alumnos; pero es indudable que la necesidad de enseñar le abre la posibilidad de enriquecer su propia experiencia y hacer su intelecto más maduro.

Decepcionado de todos, también me decepciono de mí mismo por solidaridad con los demás.

Mantenemos la integridad de nuestro mundo interno por medio de la cohesión de diferentes ideas y creencias, algunas de las cuales se contradicen. Pero vale la pena sacar sólo un eslabón de esta unidad heterogénea y nuestra conciencia resultará trastornada.

El estudio de las expresiones groseras es un excelente medio para entender lo sagrado de los diferentes pueblos.

En el tiempo prehistórico nació un mito que trataba de "explicar" la génesis del hombre y fomentar su multiplicación; los habitantes del tiempo posthistórico tratan de calcular los posibles límites de la población que puede soportar el Globo Terráqueo.

La fórmula: "pensar por pensar" nos parece extraña, si no la comparamos con nuestra actitud ante la naturaleza. Durante varios milenios, la última se consideraba como una fuente de recursos y un medio para elevar el poderío del hombre; pero el uso de la razón instrumental puso en peligro la misma existencia de la humanidad. Y ahora muchos habitantes del planeta llegaron a la idea de la necesidad de cuidar su planeta como un valor en sí. Como ser razonable, el hombre tiene que poner límite al uso instrumental de la razón que le amenaza con los mismos peligros que la actitud depredadora hacia la Tierra. La misma razón tiene que ser "ecológica", que no se limite por las tareas de extraer algún provecho del estudio de la naturaleza, sino que también aspire a ser virtual y tener un valor en sí.

Mucha gente tiende a esconderse de la realidad severa y cruel. La droga y el alcohol es un asilo que les abre muchas dimensiones inusitadas: les convierte en "aventureros", crea la impresión de poder resolver cualquier obstáculo, disminuye el peso de preocupaciones que les agobia y hace que prefieran el *aquí y ahora* ante el futuro preñado de una cadena de desilusiones amargas.

No te apures en hacer las tareas de mañana, si puedes hacerlo pasado mañana, porque nadie te asegura que en ese entonces persistan las reglas.

Se equivocó, pero qué ilusiones tan hermosas engendró en nuestra imaginación... por lo menos por algunos instantes.

Detrás de la paciencia puede esconderse la esperanza aplazada, la impotencia o la ignorancia que no nos permite tomar una decisión adecuada.

La mayoría de las emociones exageran o disminuyen el verdadero significado de los hechos, y sólo la ironía los coloca en su justa dimensión.

A diferencia del científico, el filósofo plantea un interrogante, al cual trata de darle respuesta, pero su sucesor se las ingenia para mostrar que la pregunta estuvo mal planteada o la respuesta fue incorrecta.

El pasado es irreversible y, no obstante, a veces, con cierto aire de superioridad que nos da el hecho de estar vivos, discutimos con las sombras que en algún tiempo poblaron el presente en el pasado.

Al confiar en nuestras propias fuerzas, apelamos a la benevolencia de la suerte, y lo hacemos, quizá, por la presunción de alcanzar lo máximo con el mínimo esfuerzo.

La famosa frase de Descartes *cogito ergo sum* presupone el pronombre de la primera persona en singular. Sólo la correlación del "yo" consigo mismo se confirma mi existencia como cosa pensante. Pero esta misma frase puesta en tercera persona pierde su sentido, pues es imposible demostrar a través del acto de pensar de alguien su existencia. Sólo en *mi pensar* puedo dar *testimonio de mi existencia*, mientras que en la fórmula: "piensa, por tanto, existe", la existencia del otro para mí se confirma no por el pensamiento de ese otro, sobre cual no conozco nada, sino por mi percepción: testigo de su ser.

"No ha podido hacer nada mejor", estas palabras contiene más ironía para los creyentes en Dios, que para los partidarios de la teoría de la evolución que explica el origen del ser humano.

Según su constitución anatómica, el hombre no ha sido creado para estar clavado a una silla. Pero justamente esta pose está en la base del aprendizaje y, además, le ayudó a inventar muchas de sus obras maestras.

El irónico es un cínico que, no obstante, conserva en sus sarcasmos una pizca de virtudes reprimidas; mientras que el cínico, siendo patológicamente sincero, exprimió de sí la última gota de lo sagrado.

Toda nuestra indignación, en la comunicación con los otros, proviene de nuestra incapacidad de concentrarnos en las palabras como signos o sonidos e ir directamente a sus significados. Hubiéramos ahorrado mucha energía, si, siendo objetos de la mentira, calumnia, desprecio o mofa, hubiéramos podido enajenarnos, por lo menos en el momento de la ofensa, de su semántica y percibir estas palabras, simplemente, como una cascara verbal.

La ironía no se usa en las misas ni durante las agonías o los acontecimientos siniestros. Lo sagrado, igual que lo terrible, exige la solemnidad estereotipada.

En todo ser humano la preocupación sobre su apariencia surge en la niñez y termina con la conjetura de cómo va a aparecer su cadáver.

Para tener derecho a pronunciar un sermón, el sacerdote debería confesar sus pecados para tener autoridad moral.

La idea de la propia muerte desgarra nuestra conciencia y no puede soportar una antinomia irreconciliable: "pienso, luego existo" y "pienso que no existo".

La burla es un desprecio condimentado por la salsa de la risa.

Quien está obligado en todo a sí mismo, siente la gratitud a sus progenitores por arrancarlo del no ser y arrojarlo a la existencia.

Algunos prefieren tener, otros no tener, pero siempre mantener la ilusión de la posibilidad de elegir.

Antes de expulsar el esclavo de ti mismo, piensa: ¿quién va a cumplir tus órdenes?

Sabemos bien que la venganza, el remordimiento, el luto o la ira son *vivencias absurdas* que podemos explicar racionalmente, y que, no obstante, no podemos sacarlas de nuestra psique. Tras estas emociones existieron acontecimientos concretos que esos sentimientos quisieran revertir o eliminar. Pero la irreversibilidad del tiempo no nos lo permite. Todos nuestros intentos de rehacer lo hecho son absurdos y, sin embargo, recurrimos al "hubiéramos podido" para resucitar lo ocurrido que por siempre desapareció en la vorágine del pasado y que sólo "regresa" en nuestros recuerdos como algo lejano, borroso y fragmentario.

Francis Bacon dijo: *saber es poder*, pero no agregó que el saber suele surgir como la conciencia de nuestra impotencia.

Al principio, el hombre es aquello que aspira ser, y luego es aquello que quisiera evitar.

Trabajando, abrigamos la esperanza de hacer trabajar el tiempo a nuestro favor.

No existe quien no intente demostrar a sí mismo que, en esencia, es otro –mejor– de lo que aparece en realidad.

Todo lo que decimos de la muerte suelen ser palabras banales: lo que sucedió, sucedió; así es, así es... Y sólo el pluscuamperfecto se rebela contra esta "sabiduría de lo inevitable", proponiendo otras frases no menos trilladas: "así hubiera podido suceder, pero no ahora, mucho más tarde".

Dicen que la creatividad es hija del ascetismo, y en parte es verdad: un autor suprime muchas de sus tentaciones, pero también es cierto que la necesidad de perfeccionar la obra le convierte en su esclavo.

No existe hombre que no maldijera su pertenencia al género masculino, sobre todo cuando experimenta un dolor insoportable de un golpe asestado entre sus piernas.

Muchos políticos surgen del pueblo, pero casi ninguno retorna a él.

ESPERANZA Y NOSTALGIA

Ironías del destino: pasamos una parte de la vida preocupándonos por asuntos que no van a ocurrir, y otra parte por acontecimientos que no habíamos pensado.

Entre lo posible y lo imposible se extiende la zona de lo probable que como imán atrae a los aventureros de sensaciones extravagantes.

A veces nos apasiona hacer algo importante, pero previamente tenemos que hacer un montón de tareas secundarias y cuando, por fin, empezamos a realizar lo principal, resulta que ya no tenemos suficiente tiempo o que nuestra pasión se agotó.

Algunas desdichas tienen remedio, otras pasan y otras más necesitamos "digerirlas" para acostumbrarnos a sus estragos o convertirlas en "astillas en nuestra carne".

El ayer nos suministra experiencia, el mañana nos regala esperanza y el hoy nos impone preocupaciones que modera la impaciencia de la esperanza con la sobriedad de la experiencia.

Es imposible comprender un pasado sin saber cómo en aquel entonces la gente soñaba construir *su futuro*.

Imagino apasionadamente un acontecimiento futuro; desde ahora lo disfruto. Después de un tiempo, el acontecimiento y su espera se quedarán guardados en mi memoria que registrará más el hecho y menos la pasión con la que lo soñaba. La paradoja consiste en que las emociones vividas durante la espera del acontecimiento se perciben en mis recuerdos como un sentimiento más débil que el mismo acontecimiento, aunque en realidad fue todo lo contrario. El desvanecimiento de esas emociones ligadas a lo anhelado, y la exageración involuntaria de los hechos reales, transforman el significado de lo sucedido y disminuyen la importancia de la esperanza como motivo de acción de los protagonistas de la historia.

La futurocracia es una mentalidad arrogante del tiempo posmoderno que nos impone su lema como si fuera la verdad en última instancia: "lo nuevo siempre es mejor".

Algún día llegará nuestro "último día", pero hasta entonces, no sabremos qué significa vivir cada día como si fuera el último.

Para algunos toda su vida es un simple ensayo que un día se convertirá en obra maestra. Esperando el acontecimiento milagroso que los redima, pasan a lado de su felicidad sin reconocerla, sin percatarse de que el milagro anhelado se encuentra en los acontecimientos que están viviendo.

La felicidad se acabó, pero existió, y en esta combinación radica el carácter *polimorfo* de nuestra nostalgia.

La esperanza es una carencia de lo que ahora no podemos satisfacer. También es un deseo que no sabemos si se realizará o no. ¿Quién abrigaría esperanzas, si conociera, a ciencia cierta, que lo deseado llegará? Y además, es un deseo, cuya realización no depende por completo de nuestra voluntad. No podemos y no sabemos, y por eso esperamos. Y sin embargo, la vida humana es inconcebible sin esperanzas, porque éstas son presentimientos de posibles victorias sobre las amenazas de la incertidumbre que nos acechan en el futuro y que, al fin y al cabo, un día nos aplastarán.

El cuento fantástico sobre el "pececito dorado" es un ejemplo típico de la embriaguez de las esperanzas, que incitan la corriente de los deseos y se coronan por la obsesión de obtener lo inalcanzable.

Esperamos un futuro que nunca llegará, lo que llega es el hoy, algo distinto de lo que habíamos pensado. Desde el hoy proyectamos esperanzas que iluminan el futuro y su resplandor "regresa" al presente y nos proporciona una luz y un calor frecuentemente ilusorios que, no obstante, nos "calienta".

Supongamos que el futuro nos libera de la desigualdad, injusticia y explotación. Pero ¿cómo alcanzar la jovial despreocupación que nos desligue de las molestias vinculadas con la satisfacción de las necesidades en el presente, y cómo tener cierta confianza de que el futuro no nos acarreará mayores sorpresas?

Quien afirma que no existen promesas que no se pueden dar, profesa el credo: "después de nosotros hasta el diluvio".

La esperanza es una dama frívola: promete, suscita entusiasmo, pero no siempre cumple e incluso, a veces, nos arroja al lodo.

La irracionalidad de la esperanza se mide por la fuerza de la desesperación, cuya máxima manifestación es el suicidio; y la irracionalidad del sueño se mide por la fuerza del desencanto, y su expresión suprema es la transmutación total de los valores.

Frecuentemente, la esperanza nos engaña. Pero ¿acaso se puede vivir, soñando sobre un futuro mejor, y no ser engañado?

Tenemos cierto poder sobre el presente y, en parte, sobre el futuro, pero no podemos hacer nada sobre el pasado, por eso lo interpretamos en espera de sacar una buena lección para defendernos contra las *sorpresas* del porvenir.

El deplorar cosas de antaño no es una manifestación de insensatez, sino añoranza por una partícula de tu vida, única e irrepetible, que se desvaneció por siempre en la lejanía del pasado, como pronto desaparecerán todos tus recuerdos nostálgicos junto contigo mismo.

La esperanza en el porvenir es una razón, por la cual modificamos nuestra existencia: vivimos sacrificando el instante en el que estamos al que le sigue, y de éste huimos también al otro; como seres teleológicos despojamos al presente de su valor intrínseco. Y lo más curioso es que, al tomar en consideración esta paradoja, no somos capaces de cambiar el rumbo de nuestro destino que desde el inicio fue colocado por nuestros ancestros.

Al principio, nuestra vida se percibe como un prefacio de una bella novela del porvenir, y luego se convierte en una aburrida prosa llena de las preocupaciones cotidianas del presente.

En el fondo de toda esperanza se esconde el germen del milagro que, al fallar, no permite que degenere la ilusión elegiaca en una cruda decepción.

La anatomía del pasado y el diagnóstico del presente, por exactos y contundentes que pudieran ser, no son capaces de diseñar un pronóstico eficaz. El camino al futuro siempre estará en penumbras.

La impaciencia y la desesperación son las hijas desobedientes de una dama generosa de promesas llamada "Esperanza".

Cuando estamos embriagados de la dicha por lograr lo esperado, prometemos mucho sin sopesar bien nuestras posibilidades reales y con ello reducimos el tiempo de futuras alegrías provenientes de la despreocupación.

Hasta en una situación en la que aprendemos a vivir con lo mínimo, soportar lo insoportable y no abrigar ninguna esperanza, no podemos tener la seguridad de estar preparados para las peripecias del futuro.

¿Hay algo peor que mal? Quizás, sólo los suplicios de la espera de su llegada inminente.

Es difícil estar a la altura de las exigencias de nuestros días sin asumir el riesgo de convertirnos en neuróticos o estar al borde del infarto.

La memoria no sólo convierte nuestro pasado en algo atractivo, sino que con el paso del tiempo lo hace más hermoso.

Quien perdió la esperanza en el futuro, bien podría disfrutar el presente, pero esta idea ni siquiera se le ocurre.

La ingratitud a la memoria de los antepasados no elimina la esperanza de los contemporáneos al juicio de las futuras generaciones.

El futuro en el presente es forjador de sueños; el presente en el futuro es barrendero de ilusiones.

"Tu sueño no se cumplió y el fracaso te causa desdicha; pero lo viviste muchos años y te daba fuerzas: ¿Acaso es poco?" Y sin embargo, el desencanto por la esperanza frustrada anula la alegría de la ilusión pasada.

Si a nuestra generación nos espera un destino común, tratemos de ser más solidarios con nuestros contemporáneos arrojados en la misma época. Somos hermanos por estar en el mismo barco del tiempo que navega rumbo a un lugar desconocido de donde nadie regresa.

Las decisiones apresuradas pueden no estar bien pensadas, pero nos ayudan a abreviar los suplicios de la vacilación.

El alba, que engendra los rayos de la esperanza, antes de extinguirse en la oscuridad de la decepción, atraviesa, a veces, *los crepúsculos de un desencanto elegiaco*.

Sabemos que el mañana llegará, pero no sabemos si viviremos o no ese mañana. Si el mañana llega y estamos vivos, no sabremos si en ese hoy sucederá lo que hemos esperado ayer.

Por triste que sea nuestro pasado, siempre hay algo cuyo recuerdo alegra nuestro corazón.

El sufrimiento de fracaso pasaría más rápido, si no recurriéramos a la posibilidad de otra alternativa que abrigamos antes de la derrota.

La precaución es un tributo que la seguridad se ve obligada a pagar a las amenazas de la incertidumbre.

Si alguien se queja de que le "falta tiempo", significa que su vida se encuentra en el cauce "normal" de un neurótico común y corriente.

Ironía de la suerte: esperas, esperas, temblando de impaciencia por obtener una meta anhelada,... y de repente recibes un fuerte golpe en el trasero que te traslada del mundo de dulces sueños a la realidad de la ironía sarcástica.

Aquel que confía en quienes suscitan esperanzas, debe poseer una reserva inagotable de paciencia.

La tarjeta de crédito es como un mago: pone el futuro a la disposición del presente e incluso crea un "pequeño paraíso" aquí y ahora, con la esperanza inconsciente de que el futuro del presente eufórico nunca se transformará en el presente de un futuro infernal por el pago de la deuda.

La esperanza de mañana es preferible que la gloria de ayer; si no fuera así, no nos reverenciáramos ante la grandeza de los clásicos.

Antes todo era "peor", aunque: las filas de los adeptos de la fe en un futuro radiante fueron más largas y la misma fe fue más firme.

Si la nostalgia añora el pasado ausente, la culpa deplora el pasado aún presente que no nos deja concentrarnos en los problemas actuales y como un muro obstruye la preocupación por el futuro.

El tránsito de la esperanza a la ilusión de seguridad nos alivia de los suplicios de la espera, pero aumenta la probabilidad de transformar la desilusión en desesperación.

Sólo el presente tiene realidad temporal. El pasado y el futuro son productos de nuestra conciencia, pero sólo recordando el pasado y soñando sobre el futuro elaboramos la idea del tiempo.

Cada uno abriga esperanzas, pero los más listos se las ingenian para obtener ganancias de su venta.

Existen dos tipos extremos en el trato del tiempo histórico: el de los *cronófilos* y el de los *cronófobos*. Si los primeros maldicen los tiempos de sus padres y abuelos, y elogian los logros de su época; los segundos idealizan el tiempo de sus antepasados y enfatizan la decadencia de su presente.

La desconfianza es una sospecha de que tras el rostro se oculta una jeta que podría transformar la desconfianza en terror.

Quien se apresura al encuentro con el futuro, hace su vida más interesante, aunque tiene mayor riesgo de convertirse en neurótico.

El que está abrumado por la impaciencia y el que muere de aburrimiento se quejan de que el presente los tortura: en el primer caso, por la esperanza apasionada, y, en el segundo, por la monotonía de la espera.

El futuro, antes de su llegada, arroja al presente la luz de la esperanza o el crepúsculo de la zozobra. El pasado también ilumina al presente con los rayos de la gloria o con la sombra del fracaso. Así que el presente oscila entre la alegría y la angustia.

La confianza engendra confianza, y esto es bien conocido por todos los estafadores del mundo.

Frecuentemente, en aras de un futuro paradisíaco, el presente se convierte en un infierno.

La esperanza perece para luego "renacer" como nostalgia que tanto más oprime nuestro corazón cuanto mayor fue la probabilidad de realizar nuestro sueño.

En la juventud, nos parece que pasa el tiempo, pero en la vejez, descubrimos que somos nosotros los que pasamos.

Las preocupaciones del presente son un tributo al futuro para tratar de domesticarlo que, sin embargo, no obedecen en todo a nuestros deseos y se burla de nuestros esfuerzos.

El futuro es un hechicero: nos tienta con la magia de sus esperanzas, pero al convertirse en hoy nos muestra el revés de sus trucos prosaicos.

Empezamos a llorar por indignación, continuamos por autocompasión y terminamos reconciliándonos con la desdicha.

No es suficiente tener oportunidades, es necesario que las capacidades se encuentren a la altura de las posibilidades.

Pocos intelectuales son capaces de convertir su potencialidad creativa en capital bancario, y son aún menos aquellos que viven de la "renta" de su talento.

En el reino del pluscuamperfecto no sólo somos muy "inteligentes" sino más "poderosos" que todos los utópicos del mundo guiados por la esperanza.

Si la desconfianza total degenera en incredulidad demoniaca, la confianza sin límite está preñada del servilismo ingenuo que fácilmente puede transformarse en un culto ciego a la autoridad.

Como una forma radical de la expresión de la verdad, la sinceridad a veces asesta bofetadas a la decencia por encubrir la hipocresía.

La mejor solución para suprimir una tentación sería imaginar sus posibles consecuencias negativas. Pero la esperanza impaciente lo impide.

La vejez es escuela de la sabiduría y todavía más, es universidad de las desilusiones.

El hoy se hace difícil cuando está cargado de las tareas urgentes del mañana y de las obligaciones incumplidas de ayer.

Sólo el éxtasis, un paraíso en el presente, es capaz de desalojar de nuestra conciencia la ilusión de la esperanza o el fantasma de la nostalgia.

Si vives en el reino de los sueños, qué los deseos de los más ricos y poderosos sean pálidas sombras en comparación con tus fantasías forjadas en la fragua de tu complejo de inferioridad.

A quien no le pueda convencer la razón, posiblemente le persuadirá el tiempo, pero quizá sea demasiado tarde para recuperar lo perdido por ignorar el llamado de la razón.

La paciencia es una esperanza enlatada con fecha de caducidad; pasando ese plazo, surge la amenaza de que "estalle" por la desesperación o que "quede agria" por el aburrimiento.

Al mirar hacia el futuro tenemos la ilusión de abstraernos de la prosa aburrida del presente, pero éste nos regresa a la realidad por cualquier pequeña molestia: un dolor en la cintura o comezón en la nariz.

Frecuentemente, el error es resultado de la urgencia de obtener algún resultado al que nos impulsaba una necesidad en el pasado, y esta premura por actuar nos impidió prever las consecuencias negativas que emanaron de aquellos actos. En algunas ocasiones, la ignorancia unida al apremio invalida la verdadera intención de nuestras acciones, cuando, por ejemplo, en lugar de tomar jugo tomamos un químico. En otras ocasiones, tenemos que actuar a partir de certezas dudosas, cuando, por ejemplo, tratamos de invertir nuestro dinero o de contraer matrimonio. Nunca sabremos todas las posibles consecuencias de nuestras decisiones, nunca estaremos seguros de saber lo suficiente y no omitir lo más importante: lo único que podemos prever es que es imposible evitar los efectos imprevistos o colaterales.

Qué es la ansiedad sino un castigo por la obsesión de hacer productivo cada instante.

La felicidad es la sensación de una alegre despreocupación, y, al mismo tiempo, la ausencia del sentimiento de culpa por no hacer nada.

Quien no espera ya nada del futuro, no le queda más que la monotonía del presente o la nostalgia del pasado.

El azar es poco probable, casi imposible, pero el "casi" lo convierte en algo que conviene ser considerado.

Estaríamos más preparados para las peripecias de la vida, si, al abrigar esperanza, pudiéramos, a la vez, no confiar en su triunfo. Pero hasta en este caso, al evitar la desesperación, sería imposible prevenir el sentimiento amargo de la decepción.

No sólo una meta bien perfilada, sino un presentimiento vago de algo desconocido y enigmático es lo que constituye el último asilo de la esperanza.

A veces la voluntad ayuda a realizar algunos deseos, otras veces los suprime, pero los más fuertes escapan de su control para convertirse en una pasión y someter a su tirano

El tiempo es un prestidigitador que esconde el horror de la nada tras el encanto de la esperanza.

La esperanza es un instrumento inseguro de vivenciar el futuro; es un pronóstico del tiempo antes de que surgieran las observaciones meteorológicas.

Lo que quedó atrás y lo que se espera en adelante se esmeran en explicar la vida aquí y ahora la cual, sin embargo, no obedece al pasado ni al futuro y acontece a su antojo.

Cuando volamos de un continente a otro tenemos la sensación de un gigantesco salto, pero quisiéramos también dar ese salto en el tiempo: entrar en una "máquina del tiempo" y convertir algunos minutos u horas en años y hasta en siglos, como sucede en la ciencia ficción. Desgraciadamente, no existen posibilidades para abreviar la duración del tiempo, por lo que siguen vigentes los métodos conocidos desde la antigüedad: *sueño*, *diversión* y *distracción*.

Como resultado de la globalización y el crecimiento de la población, el espacio se encoge como la piel de zapa, y el hombre empieza a sentirse preso en una cárcel todavía amplia, llamada Globo Terráqueo. Si las cosas siguen en ese ritmo, el hombre terminará quejándose de claustrofobia y de la amenaza de ser ahogado por la asfixia.

Una vez arrojado a la existencia, el hombre, como ser insuficiente, ya no puede dejar de estar insatisfecho, así como tampoco de abrigar las esperanzas de superarse: un suplicio más penoso que el descontento mismo.

Mi memoria es como un mago. Si examino un acto que he realizado hace unos minutos, esta acción me parece libre. Pero cuando más retrocedo en mis recuerdos tanto más dudosos me parecerán mis razonamientos acerca de la libertad de mis actos en el pasado. Si analizara este mismo acontecimiento un tiempo después, me será difícil pensar que este hecho no hubiese podido existir.

Según Cioran, las utopías son *alquimias de esperanzas*; pero son obsesiones propias de los descendientes de Adán y Eva y, por consiguiente, contrariamente al espíritu del desencanto, es imposible desarraigarlas del imaginario colectivo de nuestra especie.

El tiempo borra en primer lugar lo que no sucedió, pero que hubiera podido suceder; y en segundo lugar lo que realmente aconteció. Por eso el pasado se nos presenta como un reino de lo necesario.

Envejeciendo aprendemos a deshacernos de muchas ilusiones, pero se acentúa el uso del "si hubiera hecho".

No todo lo que no sucedió carece de importancia. A veces lo no acontecido, recordado en el pluscuamperfecto, provoca horror.

Según los testigos de Auswitz y Kolimá, confiar en el futuro, abrigar la esperanza de engañar al destino fue una tentación peligrosa que sólo engendraba vanas ilusiones y disminuía la inercia del instinto vital. El encarcelado intuitivamente sabía que no pertenecía a la vida sino a la muerte: el hoy no lo percibía como un punto intermedio entre el ayer y el mañana, sino como una duración interminable que esclavizaba su conciencia para enfrentar las necesidades fisiológicas elementales o los sufrimientos agobiantes de cada momento. El tiempo humano se convertía en un tiempo diabólico, en el que todo desembocaba en un presente monótono, lleno de dolor y humillación sin desenlace.

Aquel que nunca ha considerado su niñez como un paraíso, no es capaz de entender el drama de la vida humana.

Algunos consideran, no sin razón, que la vida es el tránsito de una esperanza a otra, pero se niegan a recurrir a la fe: la esperanza por encima de toda esperanza.

Así como los primeros cristianos creyeron en el segundo advenimiento de Jesucristo, los comunistas soviéticos de los primeros años de la revolución esperaron la pronta llegada de la sociedad del futuro radiante. Y así como no se dio el advenimiento del Salvador, tampoco llegó el comunismo. Entonces sus teóricos empezaron a sostener que la construcción del "reino de la felicidad" es un proceso largo y penoso que incluye varias etapas. Para cumplirlas, el partido exigía de los trabajadores nuevos sacrificios, mientras que el espejismo del futuro radiante se perdía en la neblina azul de promesas demagógicas.

¡Qué orgullo tan desmesurado está contenido en la idea de inmortalidad! El mito de la vida eterna es, quizá, el último desafío de la esperanza enloquecida ante la fúnebre realidad de la desesperación inconsolable.

Lo que sucedió, sucedió: ni el mismísimo Dios hubiera podido resucitar nuestros seres queridos. Y si es así ¿por qué derramamos lágrimas? Si el "hubiéramos podido" no sirve como explicación, ¿por qué nos afligimos? Quizá, porque nos damos cuenta que quienes existieron nunca regresará y, además, son irrepetibles.

El fantasma del pasado vaga en el presente y siempre va a hacerlo en cualquier futuro que se presente.

En el alma de cada creyente, por piadoso que sea, duerme un aventurero, pues nadie sabe, a ciencia cierta, lo que le espera en el más allá.

La esperanza es como un Ave Fénix: el pasado la mata y el futuro la resucita para con el mismo ardor alentar la realización de una nueva meta.

Lo que esperan los padres de sus hijos, frecuentemente, no justifica la esperanza en un futuro cubierto por la neblina de vagas promesas. Pero estas esperanzas crean tantas ilusiones que su deleite supera con exceso la prosa del desengaño posterior: en lugar de una gran cineasta un "joven genio" llegó a ser un simple fotógrafo. Indudablemente, es un desencanto, pero el tiempo de disfrute de esas dulces ambiciones compensa la decepción de una modesta realidad.

La esperanza es madre de todas las ilusiones que se templan en el crisol del riesgo, y a pesar de esto, sólo algunas de ellas se convierten en realidad, pero casi siempre encogidas o desfiguradas.

A diferencia de la conciencia religiosa, que busca inventar algo mejor que la vida misma, la conciencia laica abriga la ilusión de hacer una vida mejor.

Si la oración no salva al creyente de la frustración, por lo menos le reconcilia con su desdicha. Si el mismísimo Salvador no resolvió su problema, ¿quién más podría ayudarle?

La fe en el comunismo fue socavada por el penoso camino de su construcción. Pero hasta sin este pasado, tan cruel, el futuro radiante hubiera intoxicado a sus constructores por las promesas interminables que se realizan a costo del sacrificio de la vida en el presente que de por sí, sin cuentos de hadas monstruosas, casi siempre es sirviente del futuro. Las metas utópicas sólo lo trasforman de un sirviente a un esclavo.

El futuro crea un abanico de fabulosas posibilidades, pero el presente no tiene suficiente fuerza de voluntad para realizarlas. Y sólo la imaginación "lleva a cabo" estas posibilidades en el *hubiera podido*.

La agonía de la esperanza acontece como resignación sumisa ante la inminencia del fracaso, o como rabia impotente contra una oportunidad perdida, o como desesperación que presiente lo irremediable de su derrota y, no obstante, continúa su "resistencia" contra lo irreparable... en el pluscuamperfecto.

Los intentos de la historia por parir una "justicia eterna" han terminado en abortos. Si no hubiera sido así, la humanidad se habría convertido en un paraíso poblado por ángeles sin alas.

Cuando escucho que Dios es justo, temo por mi pasado; y cuando me dicen que el Señor es misericordioso, miro con confianza el futuro.

La virtud tiene que estar acompañada de la fuerza para que no se degenere en una moraleja impotente.

Cuando intentas concretar tu esperanza, por lo menos, trata de hacer todo para que lo posible sea lo más probable y evites el autoreproche: "hubiera podido".

Lo que no sucedió, pero hubiera podido suceder, nos causa más preocupaciones que la posibilidad que también precedió a lo ocurrido, pero que por alguna razón no se había cruzado en nuestra conciencia en el momento de la selección de alternativas.

El nacimiento, acontecimiento más importante en nuestra vida, no sucede por nuestro deseo, mientras que la muerte por propia voluntad es el último baluarte de nuestra libertad, a la cual, no obstante, el instinto de autoconservación nos prohíbe recurrir.

Quien no se arriesga, conserva sus posibles desgastes o pierde sus ganancias virtuales.

En la vejez, la idea de un futuro mejor se sustituye por la esperanza temblorosa de que el mañana no sea peor que el hoy.

Desconocemos lo que nos espera en el futuro. Si no fuera así, no nos despediríamos de nuestro pasado con despreocupación, para recordarlo en el futuro con lágrimas de nostalgia.

En el tedio somos como un gato saciado que continúa mirando como corren los ratones, pero ya no tiene ganas de capturarlos.

A veces, el pluscuamperfecto es como un perro cobarde: empieza a ladrar después de que los ladrones robaron la casa de su dueño.

Ser optimista a ultranza nos impide la palabra "pero", que significa una pizca de amargura que desembriaga nuestra esperanza borracha.

El *futuro en el presente* no siempre es un buen especialista en el diagnóstico, mientras que el *presente en el futuro* es un excelente experto en la "autopsia": no sólo establece la causa de la muerte de nuestro proyecto, sino también hubiera podido recomendar un tratamiento virtual que prolongara nuestras esperanzas... en el pluscuamperfecto.

Los adeptos del *amor fati* son enemigos intransigentes de los *soñadores en el pluscuamperfecto*.

La esperanza es la madre de los desposeídos que, frecuentemente, se ve traicionada, ya que sus protegidos se cansan de tantas promesas y se convierten en desesperados o en cínicos.

En el tedio paramos el correr del tiempo; en la esperanza lo aceleramos, y en la nostalgia lo hacemos retroceder.

El desencanto elabora inmunidad contra la desesperación, pero despluma las alas de la esperanza.

Pasamos una parte de la vida quejándonos de la injusticia y otra, suspirando por las posibilidades perdidas que quedaron fuera de nuestras capacidades.

Si los pronósticos llegarán a ser diagnósticos, el hombre se transformaría en robot.

El escéptico vacila a escoger entre varias alternativas, porque detrás de cada "pro" presiente decenas de "contra" que paralizan su voluntad.

Según La Rochefoucauld, *la hipocresía es un homenaje que el vicio rinde a la virtud*. Al parafrasear este dicho, se podría decir que la *franqueza es un tributo que la virtud le rinde al vicio*. Si el último "sabe" que no es capaz de exterminar la virtud, en cuyo "cuerpo" habita como parásito, la virtud, en cambio, tiene la ilusión de aplastar a su enemigo, aunque, como lo demuestra la historia, este intento es una utopía, y esto lo conoce bien el vicio que hace sus fechorías de modo subrepticio.

La tentación es un deseo apasionado, contagiado por el virus de un vago presentimiento zozobrante.

Gozamos el presente, contemplamos el fluir del tiempo y de repente percibimos los instantes que siguen unos tras otros, provocando la sensación de monotonía que nos aburren. Y en ese momento empezamos a sospechar que el tiempo mismo está hecho del "material" de nuestras vivencias.

Desgarrada entre el pasado, presente y futuro, nuestra conciencia es un peregrino errante por los caminos del devenir, e, incluso, su curiosidad la empuja a echar un vistazo al más allá del tiempo mismo.

La angustia se produce por la conciencia de nuestra propia insignificancia, y sólo la idea de la nada, que está destinada a todos, iguala a los destacados con los mediocres.

Si un polemista logra superar a su adversario por la fuerza de sus argumentos, éste suele no reconocer su derrota y declarará: "en esencias hemos dicho lo mismo, sólo que desde diferentes ángulos".

La esperanza siempre está embarazada, sólo que no está segura qué va a parir: la felicidad de un objetivo alcanzado, la desilusión del fracaso o el desenlace que ella misma no podía prever.

La probabilidad de la llegada de una desdicha produce un miedo, a menudo, más grande que la misma desdicha. Incluso la desgracia en el presente nos prepara a las peripecias de la desgracia en el futuro.

Esperando un acontecimiento feliz, sentimos una dicha, pero cuando llega el mismo acontecimiento no podemos, a la vez, ser satisfecho de esperanza y experimentar la felicidad de la llegada de lo esperado. Sentir el júbilo de esperanza de llegada de un ser amado y, a la vez, disfrutar su amor, es imposible. Lo posible no puede al mismo tiempo ser realizado y quedarse como lo posible. Para hacer estas dos cosas sería necesario hacer el tiempo reversible.

Algunos viven como le aconseja su conciencia, los otros como le dicta el código penal y los otros más según las peripecias de circunstancias.

En el hombre todo debe ser bello: no sólo su cuerpo o vestimenta; tiene que poseer un estilo elegante y maneras encantadoras... que, sin embargo, no garantizan la riqueza de su mundo interno.

Cuando todo quedó atrás, no vale la pena arrepentirse que caminaba en la dirección errónea. Y sin embargo, ninguna evidencia de la razón nos impide recurrir al pluscuamperfecto.

Si el hombre pudiera convertir la coacción externa en coerción interna, la libertad llegaría a ser la madre del orden.

SI NO PUEDES SER VIRTUOSO, POR LO MENOS DEJA DE SER BESTIA

La justicia es la segunda víctima del delito.

El dominio del mal se explica porque es el usuario más hábil de las máscaras de la hipocresía.

La justicia exige dar a cada cual lo suyo, y además, otorga algo gratuito: una satisfacción por su realización.

Si hubiera tenido razón Lamarck, y el hombre pudiera heredar la experiencia biológica acumulada durante su vida, el proyecto utópico del futuro radiante obtendría un fundamento sólido.

Si la memoria no estuviera agravada por las vivencias en pluscuamperfecto, la tragedia se reduciría a drama, y el drama se disminuiría a un escándalo familiar.

Si el fundamento tácito de toda norma universal –la regla también se aplica a quien la promulga y la mantiene- se cumpliera, muy pocos aspirarían a ocupar cargos directivos.

Quien se enoja por la injusticia y exige justicia, suele no preocuparse de que su exigencia no conduzca a algún resultado: se satisface sólo con su enojo.

Vivió en plena armonía con su conciencia: ésta siempre dormía y él trataba de no despertarla.

En su aspiración a la felicidad, el enamorado quisiera detener el presente; el desesperado desearía saltar a través del muro del aquí y ahora; y el culpable, en su afán de regresar al estado de inocencia, anhelaría rehacer lo que hizo antes. La magia que guía nuestras emociones es una *rebelión* (en el pluscuamperfecto) contra la tesis de Hegel de que "todo lo real es racional, y todo lo racional es real".

Es difícil amar al prójimo teniendo el estómago vacío, pero apelando a la panza hambrienta, no se puede justificar la moral de los caníbales.

La desgracia de los seres humanos no es sólo la muerte, sino el deseo de vivir como si ésta no existiera.

Existen tres prédicas morales difíciles de cumplir: amar a tu prójimo como a ti mismo, no revelar el secreto ajeno y no jactarte de tus méritos.

No soy tan virtuoso para ser humilde; no soy tan autosuficiente para no pedir ayuda; no soy tan inteligente para evitar errores; no soy tan altruista para dar todo lo que tengo; no soy tan feliz para no soñar con una dicha; no soy tan santo para amar a mi enemigo como a mí mismo. La comprensión de que no soy perfecto me da razones suficientes para ser autoirónico y soportar la crítica ajena.

Al nacer, el ser humano obtiene la prueba de su existir que dura hasta el morir. A veces, esta experiencia es tan corta y penosa que no le deja la posibilidad de definir: ¿qué es mejor: no nacer o vivir en aflicción?

No queremos creer en la inminencia de la victoria del mal, pero tenemos que pensar en lo inevitable de nuestra propia derrota.

Para la minoría el temor ante su censor interior –el remordimiento- es un obstáculo suficiente para detenerse a realizar un acto indebido, mientras que para la mayoría este "censor" es insuficiente y debe ser complementado por la amenaza de un castigo.

A los diabólicos les gusta torturar a su prójimo al exigirle cualidades angelicales.

En el alma de todo perfeccionista duerme un santo fracasado.

El remordimiento es un chantaje al presente desde el pasado expresado en "lo hubiera hecho de otra manera".

Qué es la blasfemia sino una "oración" del nihilista.

La falta de imaginación para ponerse en el lugar del otro está en la base del egoísmo. Pero el exceso de imaginación para sentir el malestar ajeno degenera en una desesperada impotencia.

Lo que no es, pero que hubiera podido ser, a veces nos hace suspirar y otras veces agradecer nuestra suerte.

A la realización del principio de igualdad de posibilidades se le opone la desigualdad de capacidades. Los ideólogos del "futuro radiante" soñaron superar este contratiempo con su famosa fórmula: "de cada cual según sus capacidades, a cada cual según sus necesidades". Pero para realizar esta justicia angelical habría que inventar el cuerno de la abundancia. Incluso la realización de la norma más moderada de la justicia distributiva: "de cada cual según sus capacidades, a cada cual según el trabajo", exige cierta santidad moral.

La barbarie es lo inhumano..., demasiado humano.

Poder lo que se quiere es la expresión de un máximo deseo que es difícil realizar; querer lo que se puede es manifestación de cordura y es fácil realizar, pero pocos lo desean.

Si el adulador te canta elogios y no tienes vergüenza para interrumpirlo, procura, si puedes, ser digno de su elogio.

No es fácil amar al prójimo teniendo el estómago vacío. Pero es todavía más difícil amarlo teniendo la panza llena.

Por grande que sea la presión de las circunstancias que nos condujo a una fechoría, nuestra conciencia, contrariamente a la irreversibilidad del tiempo, nos juzga, como si esta falta hubiera podido evitarse, como si hubiéramos podido hacerlo de otra manera.

Aprender a reconocer los éxitos de los otros, ¿no es tan fácil, verdad?

El remordimiento no es sólo un eco de la virtud manchada, sino también la nostalgia por la inocencia perdida.

La modestia se distingue de la humillación por su disposición a desafiar la vanidad de los orgullosos.

Para suavizar el dolor, causado por las punzadas de la envidia, el envidioso apela al pluscuamperfecto: "y si yo hubiera tenido las mismas posibilidades...".

Algunos remedios artificiales sustituyen el déficit de lo natural, pero no eliminan la seducción por lo antinatural.

La perplejidad es un híbrido entre un asombro extraño y una duda confusa, una especie de plasma mental que todavía no se encarnó en un *cliché* de juicio definitivo.

Tener una conciencia tranquila es un derecho que hay que conquistar en una lucha contra innumerables tentaciones, incluso contra el anhelo de alcanzar una vida tranquila.

La ironía es una vacuna que contiene el veneno de la burla, capaz de aniquilar al virus de la soberbia.

La ley de Talión –ojo por ojo, diente por diente— es la última y quizá bárbara posibilidad de defender la dignidad propia y combatir a aquellos que consideran que la moral es la astucia de los débiles.

Si un individuo se guía en sus relaciones con los otros por el principio de dar a cada quien lo suyo, no posee aun una moral elevada. Pero cuando surge la necesidad de regular los conflictos, --distribuir recursos, arreglar pleitos, designar castigos-- el valor de la justicia supera el valor de las otras virtudes.

Hasta un delincuente experimentaría horror si fuera capaz de imaginarse como piltrafa en manos del poder estatal al que todo le está permitido. ¿Quisiera el ladrón que el Estado lo desplumara tan implacablemente como él mismo lo hace con su prójimo? Lo malo es que, siendo cobardes, los delincuentes no se atreven a formular esta pregunta.

En el inicio de muchas carreras exitosas están las "palabras mágicas" dichas en el tiempo idóneo y en el lugar adecuado a las personas importantes.

El hombre nace no tanto para disfrutar la felicidad, sino para experimentar la amargura de su pérdida o para anticipar la alegría de su advenimiento.

Para justificar nuestros juicios severos sobre la historia, nos inclinamos a adscribirles a nuestros antepasados más posibilidades que las que en realidad tuvieron.

La clase media se considera un apoyo sólido para la democracia: no es tan pobre para ser comprada ni tan rica para comprar los votos de los pobres.

La ofensa inmerecida no deja de serlo, si el ofendido le "paga" al ofensor por el daño causado. Pero a los recuerdos sobre el mal causado les acompañan imágenes de "recompensa", y esto atenúa el descontento del insultado.

Hay quienes sin sospecharlo causan sufrimiento a los otros: los bellos provocan a los feos los suplicios del amor no compartido y los talentosos engendran envidia.

El hombre fue un lobo para el hombre hasta que surgió la palabra; con ésta se convirtió en lobo con piel de cordero.

No ofendas al débil, te arrepentirás. Tampoco ofendas al fuerte, te obligará arrepentirte.

Cada ser humano llega, a fin de cuentas, a su estado actual y luego, al comparar los esfuerzos gastados con los resultados obtenidos, se considera como dichoso o desdichado. Si escoge lo segundo, tiene el consuelo de pertenecer a la mayoría.

No tener conciencia es el primer paso para tener muchas cosas que la conciencia no recomienda.

El desprecio es sublimación de venganza, un tributo que la tolerancia rinde a la convivencia pacífica.

El dinero ganado puede ser pagado con billetes falsos, pero la pasión por el lucro es siempre auténtica.

La vida en común sería insoportable, si cada uno pensáramos que vivimos no porque nos arrojaron a este mundo, sino para cumplir una alta misión.

Lo que no está permitido, está prohibido, es norma de la sociedad paternalista donde todo lo autorizado proviene de arriba. *Lo que no está prohibido, está permitido* es norma de la sociedad democrática que alienta el espíritu emprendedor, pero que no siempre logra evitar conflictos, porque en el alma de todo empresario se esconde un monopolista.

Cuando el azar es una razón suficiente, no hay que buscar otras razones. Esto es bien sabido por quienes tratan de "organizar" el azar para encubrir sus fechorías.

El capricho es hermano-bastardo de la libertad.

Cuando la "selección natural" a los puestos de poder se sustituye por la "selección artificial", la calidad de la democracia se degenera.

Aquel que actúa movido por la venganza es cruel, pero su crueldad no es nada comparada con el fervor del empleado que ejecuta ciegamente una orden emanada de una autoridad superior. La crueldad de la venganza *se alimenta* de la ira impotente de la ofensa padecida, en tanto que el ejecutor esgrime una coartada contra un posible castigo. Le parece que cumplir una orden se encuentra más allá del bien y del mal.

La sinceridad es una virtud que no siempre se lleva bien con el tacto.

El que merece ser feliz, en realidad puede ser infeliz, pero no puede menos que ser una persona honesta y, por tanto, ser digno de la felicidad.

Obligar al bien a que sirva a las fuerzas del mal es un truco diabólico y, sin embargo, es algo humano, demasiado humano.

Si no tienes nada, cualquier deseo puede esclavizarte, y si tienes todo, el tedio te convierte en su lacayo.

La fe religiosa llegará a su fin, cuando se realice la predicción hipotética de Cicerón: si los sacerdotes de todas las religiones se juntaran y se miraran unos a otros, no podrán abstenerse de las carcajadas.

Quien hace lo que se debe, hace lo que puede, y además gasta un esfuerzo adicional para superar su desgane por hacerlo.

Quizá sea más fácil establecer la comunicación con los seres razonables de otras galaxias, que entender los sufrimientos de una mosca que acabamos de aplastar.

Para vivir bien hay que tener dos llaves: una que nos abra la puerta cuando la suerte nos sonríe, y otra que abra la salida de emergencia para huir cuando nos amenaza la desdicha.

Una madre le dice a su hijo: "Pedrito, no tires la basura al piso, ¿imagínate que sucedería, si todos hubieran lo mismo?" Pedrito empieza a pensar y deja de tirar el papel en el piso sin entender aún que la imaginación es la base del imperativo categórico.

En los alrededores del camino que lleva la justicia a su meta se esconden muchos de sus enemigos, que impúdicamente la engañan y la violan; y la justicia deshonrada se convierte en una simple golfa que no puede alcanzar el fin de su ruta.

Algunos tienen una memoria muy servil: nunca olvidan olvidar lo que perturba su conciencia.

La autoalabanza no es un antídoto contra el elogio ajeno, y el mismo Dios lo confirma.

Para provocar una impresión estética, la fealdad debe presentarse cada vez más extravagante.

Fue tan suertudo que involuntariamente surgía una vaga sospecha: tal dicha fantástica no corresponde a una persona decente.

Lo que más obstaculiza a la confesión de la culpa es su hermana, la vergüenza, el centinela interno de la reputación externa de su portador.

De la deducción nihilista contenida en la proposición "si el hombre es un ser mortal, no existe el sentido de la vida", le salva un simple hecho: él no suele pensar en el sentido de la vida.

El aventurero es un desafiante a la incertidumbre del futuro, un aficionado del riesgo que disfruta el *quizá*.

Los presos que lograron sobrevivir en *Auschwitz* y *Kolimá* no fueron destinados a la eterna salvación por su paciencia y elevadas cualidades morales. Al contrario, hasta los mejores que lograron sobrevivir, no podían eludir el remordimiento recordando los círculos del infierno del campo de concertación. Primo Levi testimonia: "Te examinas, pasas revista a tus recuerdos,... no, no encuentras transgresiones abiertas, no has suplantado a nadie, nunca has golpeado a nadie (pero ¿habrías tenido fuerzas para hacerlo?), no has aceptado ningún cargo (pero no te los han ofrecido), no has quitado el pan a nadie; y sin embargo no puedes soslayarlo... Es una suposición, pero remuerde; está profundamente anidada, como la carcoma; por afuera no se ve, pero roe y taladra".

Ante la amenaza somos víctimas del miedo; cuando éste pasa, experimentamos una mezcla de alivio y vergüenza: alivio por la desaparición de la amenaza, vergüenza por darnos cuenta de nuestra cobardía.

Los Estados totalitarios no sólo esclavizan a sus súbditos, sino les obligan proclamarse como ciudadanos libres.

Ya que las virtudes no se transmiten con los genes, siempre existe el riesgo de perder lo alcanzado y retroceder a la barbarie.

Cualquier percepción contiene una interpretación involuntaria emparentada con la inferencia lógica: si veo que esta mesa es redonda, resultará difícil sustentar que sea cuadrada. Algo semejante ocurre en la evaluación moral: las escenas de violencia inmotivada o de humillación sádica engendran en nosotros una actitud de protesta, que es tan irrevocable como el dolor de muelas o la aversión a la inmundicia.

¿Cómo hubiéramos existido sin la idea del destino? ¿A qué o a quienes pudiéramos responsabilizar de nuestras desdichas y errores? Además, esta idea nos preserva de los estrictos juicios de la culpa y la vergüenza.

Si la humanidad todavía tiene alguna posibilidad de mitigar la injusticia es porque muchos se inclinan del lado del inocente y se solidarizan con las víctimas.

El hombre se revela no tanto en sus logros como en sus fracasos, y sobre todo en sus excusas para justificarlos.

La conciencia es parte inalienable de mí, me eleva sobre mí mismo; es un jurado dentro de mí que no permite degradarme debajo de mí.

De la gente más descarada la peor es la *inhumillable*.

Nadie puede ser otro, pero la posibilidad de sorprenderse a sí mismo la tienen todos.

Quien está en un callejón sin salida podría escoger, no obstante, entre la desesperación y la resignación.

Jesucristo como hombre es divino, pero como Dios es humano, demasiado humano.

Si aprendiéramos a convertir el odio en desprecio, quizás, ganaríamos en tolerancia, pero perderíamos en nuestra decisión de luchar contra el mal.

Hay quien roba y al ser descubierto, no sólo tendría que reconocer que robó, sino también que es ladrón. Pero existe también quien admite que robó, pero no se califica como ladrón. Esto significa que nuestro hacer y nuestro ser a veces coinciden y a veces no; por tanto, culpa y vergüenza no siempre van de la mano.

La resignación ante lo inevitable es la mejor medicina contra la desesperación, pero no es un remedio que cure la angustia.

Quien tiene la cara de un "gato castrado", tiene que tener la fama de un "tigre feroz" para que sus órdenes sean atendidas sin recurrir a las amenazas.

La regla de oro —no hagas a los otros lo que no quisieras que te hagan- no corroborada por la amenaza de la fuerza, no garantiza que alguien no intente sacar tu ojo o arrancar tu diente.

La derrota de la injusticia no necesariamente lleva al triunfo de la justicia, a veces lo que gana es otra injusticia que inicialmente finge ser más justa, pero sólo es más hábil que la anterior.

¿Qué sucedería si alguien, cotidianamente, tuviera que enfrentar momentos decisivos, arriesgando su vida o fortuna? Quizás, moriría de infarto o el riesgo se convertiría en rutina.

Somos "grandes amigos": él finge que se alegra por mis éxitos, y yo simulo que me entristecen sus fracasos.

Escoger un camino es elaborar un antídoto contra las tentaciones; trazar una vereda significa encontrar la vocación; construir una nueva vía es garantizar ser enterrado en el panteón de la historia.

Cada uno tenemos nuestro propio "Gólgata": sólo que algunos arrastran la cruz y otros llevan clavos y látigos.

El ataque de cólera nos pone en riesgo de perder el instinto de autoconservación, pero en cambio, nos preserva de la demencia de la venganza.

La probabilidad es una posibilidad arriesgada que nos sacude de la indiferencia y agudiza nuestro deseo aventurero de no perder la oportunidad.

El "trabajo" de un sacerdote sería muy aburrido sin el sacramento de la confesión que le permite hurgar en los secretos ajenos.

Nació en una familia pobre e hizo una carrera vertiginosa: de las peleas callejeras pasó a los asaltos bancarios, luego se convirtió en jefe de mafia y por sus donaciones a la Iglesia fue elevado al rango de "generoso patrón".

Cada ser humano sabe dónde y cuándo nació, pero frecuentemente no puede responder: ¿para qué y si ha valido la pena?

Si el hedonismo trata de embellecer el placer con su velo estético, el discurso doloroso rara vez esconde los suplicios, los hace evidentes y palpables sin importar su fealdad. Como ninguna otra vivencia, el dolor nos infunde certeza: hay algo real que existe y que nos hace sufrir.

La fórmula de justicia que exige dar a cada cual según sus méritos es una isla en el mar de otros reguladores distributivos que se basan en la fuerza, favoritismo, corrupción, azar e igualdad mecánica que no toman en consideración la aportación de cada cual.

Tu conciencia sabe mucho de tu mundo interno e, incluso, algo más de lo que quisieras esconder de su mirada.

Cada hombre puede conocer los límites de sus propias capacidades, pero su comprensión suele llegar como resultado de la decepción.

Al avergonzado le es inherente un hartazgo hacia su mediocre "yo", y el deseo quimérico de huirse de sí mismo.

Una de las causas que complica la vida en común consiste en que no queremos simplemente vivir, sino *vivir bien*. Este deseo nos lleva al enfrentamiento con los demás, pues también tienen la misma aspiración.

A quien el destino le quiere probar, le provoca esperanza, y de quien quiere reírse, le obliga amar a su prójimo como a sí mismo.

Si la instancia jurídica te absolvió de todas las acusaciones, entonces qué Dios te juzgue.

Si lo que sucedió por primera vez, resultó la última, significa que la vida te dio una lección inolvidable.

Sócrates fue el primer escéptico porque afirmaba: "yo solo sé que no sé nada"; y también fue el primer irónico, ya que enseñaba cómo vivir en la ausencia de la verdad que en vano trataba de encontrar.

Algunos autores no sólo experimentan los suplicios creativos, sino transforman a sus lectores en mártires de la mediocridad.

En el transcurso de la historia, el hombre ha cometido tantas fechorías que debería sentir vergüenza de formar parte de la humanidad. Sin embargo, no la siente. Y si la sintiera, la humanidad estaría destinada al arrepentimiento incesante.

A pesar de sus deficiencias, la ley de talión nunca perderá su importancia. Diga sinceramente: ¿quién de nosotros sentirá una indignación verdadera, al escuchar que un pícaro alegre logró engañar a un estafador empedernido?

Si el procurador trata de castigar lo bestial en lo humano, el abogado intenta encontrar lo humano en lo bestial.

Para ser honesto no es suficiente tener la disposición a no mentir; hace falta poseer la capacidad de distinguir la verdad de la mentira.

No es evidente que alguien pueda hacer algo sólo porque quiere hacerlo; pero es casi seguro que no lo haría, si no quisiera hacerlo o si no existiera una razón que convirtiera el no querer en un deber.

La incapacidad de prever las peripecias del futuro se compensa por la inclinación de olvidar las fechorías del pasado.

Discurso del remordimiento: sucedió, pero hubiera podido no suceder; discurso de la nostalgia: aconteció, pero hubiera podido prolongarse hasta hoy en día.

Cuando la supervivencia se convierte en un objetivo principal, el hombre deviene en lobo para el hombre.

El *ser* tiene la superioridad ante *deber ser* y, a la vez, experimenta un sentimiento de inferioridad ante sus órdenes. Al fin y al cabo, el deber es servidor del ser y, no obstante, se coloca como una autoridad y exige el sacrificio de su amo, justificándolo por la necesidad de su perfección.

Según Tomas Hobbes, para que llegue la guerra de todos contra todos, nuestros deseos ilimitados tendrían que corresponder a nuestras posibilidades reales. Por fortuna, esta situación es sólo una suposición hipotética.

La ley de Talión es la última posibilidad para hacer comprender a un naco la regla de convivencia humana: "no le hagas al otro lo que no quisieras que el otro te haga".

Con el tiempo conocemos mejor por qué morimos, pero hasta el último instante no entendemos por qué nos arrojaron a vivir.

La palidez y enrojecimiento nos muestran hasta dónde nuestro cuerpo puede resistir a la hipocresía de nuestra alma.

El pluscuamperfecto es un Sísifo condenado a un intento absurdo de convertir el fracaso en victoria.

La famosa pregunta: ¿por qué el ser no la nada? presupone que al ser le precede la posibilidad del no ser. Si el objeto no hubiera contenido la posibilidad de su ausencia, su existencia estuviera carente de sentido. Un hecho tiene su sentido peculiar, porque puede o no suceder. Mi decisión de ser ingeniero tiene sentido porque hubiera podido refutar tal posibilidad o escoger otro oficio: médico o literato. Justamente el conjunto de estas posibilidades perfilan el sentido de mi decisión. En la divergencia entre lo real y lo posible radica la categoría del sentido. La filosofía representa el ser no sólo tal como es, sino tal como hubiera podido llegar a ser.

Expulsar de sí mismo al esclavo no significa convertirse en un ser libre, sino en un liberto, que escoge al amo por su propia voluntad.

La amenaza de perder la vida está preñada de tragedia, y la pérdida de tiempo en la vida es una comedia que provoca sólo una ligera indignación.

La oración del estoico: "El destino me despojó de todo, pero ¡que no me abandone la firmeza para demostrar mi última decisión libre!"

Sólo el hombre, a diferencia de los animales, es capaz de llorar y reír y, quizá, por eso puede burlarse hasta que aparezcan lágrimas.

En el proceso de la evolución hemos perdido la cola, pero no la capacidad de menear el rabo.

Si usted pospone el goce de la vida para el mañana, los otros disfrutan el hoy por usted.

EL ENCANTO Y EL DRAMA DEL AMOR

No se puede amar al otro, si no se le respeta, pero se le puede amar, luego perderle el respeto y, no obstante, seguirlo amando, comprendiendo que es una bestia.

Los enamorados suelen utilizar los adverbios "siempre" y "jamás" —siempre te amaré, jamás te abandonaré— sin entender que la eternidad es sólo cuestión del tiempo.

Una de las misiones de la mujer es engendrar en "su hombre" una reacción erótica, como mínimo, y un amor desenfrenado, como máximo.

La muchacha que no sabe que es bella "vive" en un cuento mágico y se llama Cenicienta.

Casarse por amor es razonable; casarse por la razón no lo es y, quien así lo haga, tarde o temprano se arrepentirá.

Según Ortega y Gasset, a veces tenemos el presentimiento extraño de que hubiéramos podido enamorarnos de una mujer con la cual hemos tenido un encuentro efímero, si hubiéramos tenido un tiempo más prolongado.

Aquel que se sabe amado puede ser mejor no sólo para quien le ama, sino también para sí mismo. Esto lo expresó bien Mijail Prishvin: "Ese ser que tú amas en mí es, desde luego, mejor que yo; yo soy otro, pero ámame y trataré de ser mejor de lo que soy".

Un momento crítico en la alianza amorosa es la "domesticación" de la pasión, el tránsito del fervor del enamoramiento a una relación apacible, el paso de la felicidad frenética a una dicha tranquila. Quienes no asuman el desafío de unir el goce del amor con la calma de los corazones, corren el riesgo de no sobrevivir a los escollos de la existencia cotidiana.

Una muchacha guapa y alegre me miraba con condescendencia desde la altura de su juventud espléndida, y yo, viejito, desde la altura de mis setenta, trataba de mirarla con simpatía para ocultar que su semblanza no me produjo ninguna impresión extraordinaria.

El hombre y la mujer somos diferentes, pero es la mujer quien acusa al hombre de sacar ventaja de esta diferencia.

La declaración de un irónico a su ser amada: "Por banal que parezca, te amo".

En las mujeres el deseo de ser amadas aparece antes del deseo de amar y en los hombres a la inversa. Esto explica los matrimonios precipitados de ambos sexos.

El exhorto de amar al prójimo me convierte en un misántropo, no tanto por las cualidades de mis semejantes, en los cuales no abrigo ningunas ilusiones, sino por la obligación de amarlos.

A quien le abruma la vida monótona: casa, trabajo, casa, trabajo... puede diversificarla un poco, si dispone de fuerzas, dinero y tiempo libre: casa, trabajo, casa chica, casa, trabajo, casa chica...

El hombre persigue y la mujer acecha: una diferencia análoga existe en el modo de cazar a su presa que practican la rana y el sapo.

Confesión de un mujeriego: "no soy tan joven para cortejar a todas las mujeres, ni tan viejo para dejar pasar una oportunidad".

Un amor no correspondido dura mucho y tarda en desaparecer, porque está congelado.

A veces, detener la mirada un poco más de lo que se nos permite por las reglas de la decencia es suficiente para que nuestra vida se trastorne radicalmente.

Sólo por la aspiración a la perfección (no vaya a pensarse que por vanidad...) se puede explicar por qué las mujeres guapas quieren ser todavía más bellas.

No existen recetas para amar o ser amado, ya que el amor es un misterio. Ni siquiera el mismo enamorado sabe por qué ama a su ser amado. Sólo siente que le sucedió algo nuevo, algo maravilloso que no le permite vivir como antes. Pasa lo que en la religión se llama conversión o, en términos de Nietzsche, transmutación de los valores.

El amor conoce bien qué son los celos y justamente por eso ignora qué es el orgullo.

El amor que no espera ser correspondido es una mezcla de santidad y masoquismo.

Si el encanto de la belleza muere al último, puede ser peligroso para la salud de los hombres en edad avanzada.

Morir soltero es una elección digna, si es una elección del propio soltero.

Si una mujer le pide a su marido no más de lo que puede darle, él tiene que agradecer a la suerte que le regaló una pareja ideal.

La paráfrasis del dicho de Paul Valéry: Cuando el novio es más atractivo que la novia, se puede pensar que él tiene una *gran imaginación*, y ella un *gusto refinado*.

El primer amor es una bella ilusión que el enamorado ignora, y los siguientes amores son la confirmación de que es una ilusión, y el enamorado lo sabe, aunque, sabiéndolo, no puede hacer nada para disipar su hechizo.

Al estar enamorados sin esperanza de ser correspondidos no podemos sentir ni vivir como antes. Necesitamos digerir ese acontecimiento para resignarnos o para arrepentirnos. Los cambios dramáticos acumulados en nuestra alma, nos obligan a renovar un "contrato" íntimo con nosotros mismos.

Lo mejor es enemigo de lo bueno. En efecto, la mujer se enamora del hombre cuando lo conoce bien y deja de amarlo cuando lo conoce mejor.

La génesis del oficio de ama de casa es muy antigua: se remonta a los tiempos bíblicos cuando a Eva se le ocurrió ofrecerle a Adán una manzana.

El matrimonio sería feliz si cada hombre se casara con la mujer de sus sueños y cada mujer con su príncipe azul. Pero, por la ironía del destino, para la mujer de sus sueños él no es su príncipe azul y viceversa.

Se ama cuando el enamorado encuentra en la vida del amado el sentido de su propia vida.

A veces sentimos vergüenza de nuestros amores pasados, pero, seamos justos y reconozcamos que en aquellos tiempos experimentábamos sentimientos de otra índole.

Mi mujer todavía es guapa, pero la conservación de su belleza me cuesta una hora de espera.

La mujer de nuestro sueño no sólo estimula nuestra imaginación, sino también nos obliga a suprimir otros sueños.

Es más fácil dudar en la franqueza de quien afirma: "Te amo", pero es más difícil poner en tela de juicio la sinceridad de quien pregunta: "¿Me amas?"

Un joven monje lucha desesperadamente contra los fantasmas seductores de las mujeres bellas. Pero no le ayudan las oraciones, ni ayunos, ni siquiera los cilicios; y sólo la masturbación –un pecado menor– restablece el equilibrio roto entre su alma y su cuerpo.

Sea como sea, pero la mayoría de los hombres prefiere a la mujer, maravilla de la naturaleza, a la mujer, maravilla del artificio.

Fue la mujer de *mi* sueño, pero al casarme con ella, *su* sueño fue la causa de mi divorcio.

La idea principal del masoquismo no es sólo el dolor de que el masoquista obtiene el placer, sino posponer el placer, romper el vínculo temporal entre el deseo y el placer; crear un proceso ininterrumpido de deseo que se convierta en el colmo de placer.

A los enamorados que digan que están predestinados uno al otro, se les podrá definir como *fatalistas sentimentales*.

La pérdida de la esperanza de conseguir un amor correspondido provoca en el enamorado indiferencia y apatía. Entre él y los demás parece que hubiera un cristal transparente, y aunque puede contemplarles, es como si mirara peces en un acuario. Mecánicamente responde a los estímulos externos, reproduciendo con dificultad los gestos y las palabras; sus emociones parecieron petrificarse, el único sentimiento vivo que es capaz de experimentar es la añoranza por el ser amado. En estas vivencias dramáticas frecuentemente se entrelazan lágrimas. Según Roland Barthes, a través de sus lágrimas el enamorado produce un mito de dolor y desde ese momento se acomoda en él: "¿las palabras qué son? Una lágrima dirá más".

Para contraer matrimonio el novio pide la mano de su novia, y este eufemismo que esconde la vulgaridad, no obstante, es el inicio de la mentira.

Sonia Mermeladova, protagonista de la novela de Dostoievski "Crimen y castigo", es una prostituta ingenua. Le falta la desenvoltura que otorga el cinismo, este remedio eficaz que ayuda a ejercer su "oficio" sin remordimiento.

Lo más difícil para liberarse de un amor no correspondido no es tanto alejarse del ser amado sino exiliarlo de la mente. ¿Cómo hacerlo desaparecer? Si el desdichado enamorado no recurre al suicidio, ha de confiar en las fuerzas curativas del tiempo, este antivirus de la fiebre amorosa.

Qué son los celos sino la inflamación de la imaginación erótica.

El enamorado a veces "pierde los estribos", hace cosas que están en contradicción con sus intenciones conscientes, con su noción del bien y del mal, y al mismo tiempo comprende que no pudo actuar de otra manera, que en sus acciones guiadas por la pasión ocultaba una convicción más fuerte que todos los argumentos de su razón.

Según Freud, el amor es una manera segura de superar la vergüenza. Y la vergüenza ¿es una señal, quizás, no muy segura, que nos predispone al enamoramiento?

Para el enamorado la belleza del ser amado esconde algo enigmático. Pero cuando el amor pasa y se descubre lo banal, nos preguntamos con asombro ¿en dónde estaba el enigma del encanto?

El principal mal del egoísmo radica en que el ser humano absolutiza su propio "yo" y le adscribe un significado absoluto. Y sólo en el amor, el hombre pone el sentido de su vida fuera de los límites de su existencia. Por eso, desde el punto de vista del filósofo ruso Vladimir Soloviev, "el sentido del amor es la justificación y la salvación de la individualidad humana a través del sacrificio del egoísmo".

El enamorado puede considerar triviales o aburridos gustos o juicios de sus colegas o amigos; no así le sucede cuando estas mismas evaluaciones emanan de la boca de su ser amado.

Para el hombre no es fácil estar tranquilo en presencia de una mujer hermosa. Su belleza bombardea su sensualidad y le hace perder la serenidad del espíritu.

Al principio, el enamorado sueña temblorosamente obtener de su ser amado un signo de atención, luego su petición se amplifica como si el tiempo mismo le diera "derecho" a exigir, convirtiendo lo posible en obligatorio.

Algunas feministas atacan el machismo en todos los flancos, mientras que otras se comportan según lema: *mujer soy y ninguna cualidad masculina me es ajena.*

La mujer se mira en el espejo y ve lo que tiene y lo que no tiene, pero que le gustaría tener.

Cuando la vida te arrastra y tú no sabes dónde y cuándo vas a parar, significa que la pasión se transformó en obsesión.

Durante un pleito familiar la esposa le dice la "verdad" a su esposo, y él le responde también con la verdad, y luego los dos dejan de hablarse. Así que en el escándalo la sinceridad hiere más que la mentira.

De la declaración del amor a los seres queridos, nos pasamos a la declaración del amor a la vida, y esta revelación es como la *primera hoja amarilla* que anuncia el otoño.

La mujer se pone nerviosa cuando no puede encontrar el espejo, pero se pone más nerviosa, cuando, al encontrarlo, se cerciora de que el maquillaje no es capaz de esconder sus años.

¿Se podría resolver el problema demográfico, si cada pareja, antes de procrear, se pregunta: necesitará el descendiente la vida que lleva sus progenitores? La experiencia dice que no. La solución radical de este problema se puede alcanzar sólo a través de la separación entre el sexo y la procreación.

Qué es la aventura amorosa sino un intento de extraer de la vida más alegría que la que está permitida por las reglas del matrimonio.

Nunca olvidé aquel instante cuando la vi por primera vez: mi garganta se puso seca, el pulso empezó a latir febrilmente, sentí en mi cuerpo un hormigueo. Y no piensen que no intenté cortejarla. Nunca olvidaré la vergüenza de mi humillación mezclada con la ironía de su burla.

Con gran dificultad vencí a mí mismo, y los trofeos de mi victoria los deposité a los pies de mi mujer y ni siquiera de esta manera salvé nuestro matrimonio de la quiebra.

El hombre llegó a ser hombre cuando empezó a experimentar el pudor por las relaciones sexuales públicas, inherentes a los monos antropoides, y transformó el sexo en una actividad privada.

Pensaba suicidarse por un amor no correspondido, pero no lo hizo por falta de osadía. Pasaron los años y, al encontrar el objeto de su loca pasión, le agradeció a la cobardía por haber protegido su vida.

Yo quisiera que me amara mi novia, pero tenía que enamorarme yo; también quisiera divertirme un poco, pero me vi obligado a casarme; quisiera sólo cambiar mis costumbres, pero tuve que transformar mi vida.

Casi todos han disfrutado el amor, la mayoría nace por su causa, algunos sufren al no ser correspondidos y sólo muy pocos, por esta misma razón, abandona este mundo.

Es imposible romper con el pasado como si nada hubiera pasado, sobre todo si estás casado.

Cada época modifica nuestras expresiones emocionales, pero no transforma nuestro *corazón*: hacerlo, significaría realizar una revolución antropológica, esto es, crear un *cuarto chimpancé*.

El amor es un sentimiento mágico cuando te parece que, como un águila, vuelas sobre la tierra; pero cuando el amor se convierte en desamor, entiendes que perdiste tus alas.

En la vivencia del amor, la duración nos parece un instante, mientras que en la desesperación, el instante se nos presenta como eternidad.

Lo malo es cuando la pareja necesita una sola cosa; pero cuando ni eso necesita el matrimonio se eleva al nivel de amor platónico y hay que pensar sobre el tránsito al reino celestial.

El drama del amor no radica en que éste pasa; la tragedia es un amor no correspondido que no pasa.

El dilema: casarse o no, a veces significa la elección entre Escila de la esclavitud feliz o Caribdis de la libertad promiscua.

De la declaración de alguien quien dice que le quiere, no se desprende que sólo le quiera a usted.

Cuando Eva y Adán comieron la manzana prohibida y se encendieron de pasión, la mujer entendió que el camino al corazón del hombre pasa a través de su estómago.

Entre el hombre y la mujer existen diferencias: cuando la mujer vuelve a entablar una relación de pareja frecuentemente piensa que su vida inicia de nuevo; el hombre, en cambio, no abandona su *curriculum* amoroso.

A pesar de que cada uno piensa sobre "eso" a su manera, lo que se esconde detrás de su pensar es la *libido*.

"Quizá" es una posibilidad incierta, temblorosa y, a la vez, llena de alegrías; es un atributo del enamoramiento naciente, capaz de llevarnos a la cima de la felicidad o arrojarnos al precipicio de la desesperación.

El narcisista es una persona que experimenta más satisfacción del impacto que él le produce a una mujer, que la impresión que él recibió de la mujer.

Al galán para seducir una mujer se le exige más la comprensión fina que a un político para convencer a los ciudadanos de votar por él.

Cada mujer cuando ama se siente como una gran dama, y cuando es amada se imagina como una reina.

Todo soltero exigente es un platónico por su esencia: "está casado" con la idea de belleza femenina, pero desprecia su encarnación en la mujer de carne y hueso.

El segundo matrimonio representa una victoria de la esperanza sobre la experiencia, y los siguientes matrimonios significan la esperanza por encima de la esperanza.

El amor auténtico surge cuando amas sin exigir nada de tu ser amado. Sólo algunos te quieren como eres; la mayoría busca en ti algo lo que no eres, sino que tienes que ser. Este tipo de amor también tiene un valor. Pero en este sentimiento está ausente la disposición al sacrificio, el desinterés o la perdición irremediable.

Antes de matrimonio el novio regalaba a su novia las flores; al convertirse en marido, empieza a comprarle las frutas y verduras.

La mujer se alegra no sólo porque su admirador se deshace en cumplidos, sino también porque arde de impaciencia para contar esos elogios a sus amigas.

La mujer fue tan generosa con sus amantes que en la frente de su marido creció el cuerno de abundancia.

La diferencia principal entre el amor y el sexo radica en que no todas las edades se encuentran bajo la férula del último.

El amor es una revolución de los sentimientos basada en la ilusión de la extraordinaria importancia de una persona para otra durante un tiempo determinado que al principio parece infinito.

Amar a todas las mujeres es imposible; pero expresar la admiración a las más atractivas es necesario para nutrir el ideal de la belleza femenina.

En el más allá, la fe y la esperanza se diluyen en el amor, y en más acá, la fe y el amor sacan sus fuerzas de la esperanza.

ÍNDICE